PÈLERINAGE NATIONAL
Avril 1899

70.000 Hommes
à
LOURDES

PAR

G. GOUPIL
du *Peuple Français*

Prix : 50 Centimes
Franco : 60 Centimes

Pour favoriser la propagande
nous donnerons 8 exemplaires à qui en paiera 6, 30 pour 20
80 pour 50, 180 pour 100, 1,000 pour 500

Vendu au profit des Œuvres de
M. l'Abbé GARNIER, Missionnaire apostolique
DIRECTEUR DU " PEUPLE FRANÇAIS "

à M. le Directeur du " *Peuple Français* "
Rue Feydeau, 1 — PARIS

TRAITEMENT SCIENTIFIQUE
DES
MALADIES DE POITRINE

Nous croyons remplir un devoir de charité en faisant connaître partout le traitement suivi, à la clinique gratuite que M. l'abbé Garnier a fondée, dans la Maison du Peuple Français, en faveur des tuberculeux pauvres du quartier de Montmartre. Il a toujours donné les meilleurs résultats, et on peut dire qu'il constitue la médication la plus efficace connue jusqu'à ce jour, contre la terrible maladie de la tuberculose.

Ce traitement a d'ailleurs l'avantage d'être très simple, pas cher, et tout malade peut le suivre sans quitter sa demeure, sans même renoncer à ses occupations ordinaires.

Le traitement comprend deux parties : la partie essentielle consiste : 1° en :

INHALATIONS DE FORMINAL

qui vont combattre le mal dans sa racine même et tuent le bacille de Koch dans le poumon malade. La médication est très facile et ne demande aucune manipulation.

    Inhalateur Notre-Dame.................. **10 fr.**
    Forminal (le flacon pour 1 mois environ)...... **3 fr.**

2° En injections sous-cutanées du

Sérum artificiel Notre-Dame

qui ont pour objectif le relèvement de l'état général, et combattent efficacement non plus la cause du mal, mais ses premiers et principaux effets dans l'organisme du malade.

    Prix du flacon (suffisant pour 1 mois)........ **3 fr.**

Comme traitement complémentaire, il est très utile que le malade use des deux produits suivants :

L'ÉLIXIR SAINT-ANDRÉ

remplace l'huile de foie de morue. Il a un goût exquis et agit avec une merveilleuse efficacité.

    Prix du flacon...................... **3 fr. 50**

LE VIN GARNIER DE L'ÉPINE

se recommande à toutes les personnes faibles de constitution ou qui se trouveraient momentanément affaiblies, comme cela arrive toujours dans les maladies de poitrine.

    Prix de la bouteille.................. **4 fr.**

S'adresser au médecin directeur de la clinique ou au prêtre qui en est l'aumônier, 26 ter, rue Hermel, à Paris.

Le dépôt général de tous ces produits est à la **Pharmacie centrale**, 16, rue Hermel.

PÈLERINAGE NATIONAL
Avril 1899

70.000 Hommes
A
LOURDES

PAR

G. GOUPIL

du *Peuple Français*

PARIS
LE "PEUPLE FRANÇAIS"
Journal Quotidien
1, Rue Feydeau, 1

PRÉFACE

On nous demande de réunir en brochure, les articles envoyés de Lourdes, sur le Pèlerinage national d'hommes, qui vient de s'y rendre. On nous assure que cette publication fera un bien réel, surtout si nous y ajoutons l'ensemble des discours qui y furent prononcés; en prolongeant l'action de cette manifestation, elle en fera mieux saisir l'importance, elle en préparera surtout très bien les heureuses conséquences et la continuation.

Nous ne pouvons qu'accéder à ce désir. Nous devons trop à Notre-Dame de Lourdes pour refuser le concours de notre dévouement à ce qui peut servir l'exécution de ses désirs ou l'extension de son œuvre.

Aussi est-ce avec le plus cordial empressement que nous permettons à M. Goupil, rédacteur au Peuple Français, spécialement délégué au pèlerinage, de reproduire le récit qu'il en a fait.

D'ailleurs le Peuple Français est l'organe de l'Union nationale ; cette œuvre, qui a pour objectif direct de ramener la France à l'Evangile, de reconstituer sa vie nationale par les moyens divins qui la formèrent autrefois, n'a été fondée que pour seconder les desseins de la Vierge Marie, manifestés à Lourdes et dans une foule d'autres endroits depuis 1830. Elle se confond presque avec le but même du pèlerinage d'hommes dont nous allons parler. Aussi le journal qui lui sert d'organe, était d'avance tout consacré à l'œuvre des Pèlerinages nationaux.

Maintenant que nous voyons avec quelle puissance le programme de Marie pourrait, si nous le voulions, assurer le salut de notre patrie, nous allons nous consacrer, plus énergiquement que jamais, au développement de notre œuvre.

Abbé GARNIER.

Le Pèlerinage National

D'HOMMES SEULS

AVRIL 1899

I

L'origine et le but

Depuis longtemps plusieurs prêtres avaient été poussés, par une inspiration visiblement surnaturelle, à provoquer une grande réunion d'hommes seuls à Lourdes. Deux fois le projet, qu'ils en avaient formé, se trouva ajourné par suite de certaines difficultés. Enfin, ils ont eu le bonheur de le mettre à exécution en 1899.

Le but du pèlerinage a été nettement défini dans l'appel du premier jour.

Pourquoi ce pèlerinage ?

La France est malade ; elle souffre surtout de l'athéisme, de la licence des mœurs, de l'égoïsme effréné, de la criminalité à tous les âges.

Nous voulons organiser ce pèlerinage parce que nous croyons qu'elle peut être sauvée, comme elle l'a déjà été à plusieurs reprises dans le passé. par des actes de foi, par la prière et la pénitence. Et c'est à Lourdes qu'il aura lieu, parce que c'est là surtout que Marie a demandé des expiations et des prières. Il n'y aura pas d'organisation en vue des malades; la

France *est la grande malade* dont on va demander la guérison.

A qui s'adresse-t-il ?

Aux hommes seuls, parce que ce sont eux principalement qui sont responsables de ce mal moral dont nous souffrons, comme pères de famille et comme chefs de la société ; que ce sont eux, surtout, qu'il importe de guérir.

Notre désir est que chaque paroisse, chaque œuvre envoie au moins un représentant à ce pèlerinage, avec la bannière de la paroisse ou de l'œuvre, et que ceux qui ne peuvent y assister donnent mandat à celui qui les représentera, de prier et de faire pénitence pour eux auprès de la Vierge Marie.

Ces intentions générales se complétaient, en l'année 1899, de la pensée spéciale qui s'attache à la fin du siècle. Depuis soixante-neuf ans qu'elle daigne s'occuper du salut de la France, Marie n'a pas trouvé le concours que notre intérêt et notre devoir auraient dû lui assurer. Avant que les dernières heures du xix° siècle n'aient sonné, essayons de réparer notre négligence passée et de nous la faire pardonner.

II

Ordonnance de Mgr Billère, évêque de Tarbes

Article premier. — Nous avons approuvé et approuvons de nouveau solennellement le Pèlerinage national d'hommes seuls à Lourdes, dont le but est de réaliser le salut de la nation par la pénitence et la prière, conformément aux demandes de Notre-Dame de Lourdes et du Sacré-Cœur.

Art. 2. — Nous autorisons les Révérends Pères de Lourdes à organiser le service religieux en plein air pendant tout le Pélerinage national d'hommes seuls à Lourdes.

Art. 3. — Nous approuvons et ordonnons qu'il soit fait quatre grandes cérémonies qui résumeront tout l'esprit catholique du grand pélérinage :

1° Une profession de foi catholique ;

2° Un acte solennel d'obéissance au Décalogue et aux lois de Dieu et de l'Eglise ;

3° Une consécration à la sainte Vierge et au Sacré-Cœur ;

4° Le renouvellement des promesses du baptême et de la confirmation.

Art. 4. — Nous conjurons tous les pèlerins de répondre aux appels réitérés de Notre-Dame de Lourdes, qui nous a dit : « Pénitence ! Pénitence ! Pénitence ! » de vouloir bien faire pénitence de leurs péchés et s'approcher, pendant leur séjour à Lourdes, du sacrement de pénitence et de la table sainte.

Art. 5. — Afin que tous les pèlerins puissent facilement se confesser, nous autorisons tous les prêtres à user de leurs pouvoirs, dans la mesure qui leur est accordée dans leur propre diocèse.

Art. 6. — Afin d'obtenir le secours des Saints de la France, nous ordonnons qu'il soit fait des invocations spéciales à ces glorieux patrons de la France, notamment à ceux qui ont fondé la religion dans notre pays.

Art. 7. — Il sera fait des prières spéciales pour N. S. P. le Pape et en particulier il sera chanté un *Te Deum* pour la guérison du Souverain Pontife Léon XIII.

Tarbes, le 15 avril 1899.

† PROSPER-MARIE,
Évêque de Tarbes.

Cette ordonnance montre toute la bienveillance réservée à la grandiose manifestation catholique par l'évêque diocésain.

Le Saint-Père et quarante-sept archevêques ou évêques l'ont bénie et encouragée.

Monseigneur Balaïn, archevêque d'Auch et métropolitain de la province ecclésiastique; Mgr Fiard, évêque de Montauban; Mgr Jouffrey, évêque de Bayonne; Mgr Bouvier, évêque de Tarentaise; Mgr Doumani, évêque de Tripoli; Mgr Péchenard, recteur de l'Institut catholique de Paris, et beaucoup d'autres prélats ont pu l'honorer de leur présence. Nous ne pouvions espérer des sympathies ni plus hautes ni plus nombreuses.

III

Avant le départ

Lundi soir, 17 avril 1889, au moment où les pèlerins commençaient leur voyage, *le Peuple Français* publiait l'article suivant :

« En quittant Paris pour me rendre au pélerinage de Lourdes, j'éprouve un indicible serrement de cœur.

« Ce n'est pas un pèlerinage comme les autres; jamais encore, que je sache, rien de semblable n'avait été fait.

« Et quel est le but de cette manifestation incomparable de notre foi et de notre vie chrétienne? C'est la France, son bonheur, son salut, sa vie.

« Ce qui me serre le cœur, c'est la crainte de ne pas bien accomplir le grand acte qui commence, de ne pas être à la hauteur de l'œuvre et de manquer le but.

« A côté de cette crainte, je sens une grande confiance et une joie véritable. Ce n'est pas pour nous que nous travaillons, mais pour Dieu. Les âmes que nous voulons sauver sont ses enfants, il sera notre guide et notre soutien. Souvent, du reste, il se contente de notre bonne volonté, et quand il la voit sincère, complète, sans limite comme sans partage, il y attache une abondance de grâces inattendue.

« Or, notre bonne volonté est absolue ; celle de tous nos lecteurs ne l'est pas moins ; d'un bout de la France à l'autre, des millions d'âmes généreuses vont s'unir à nous d'esprit et de cœur.

« Aussi l'espérance est dans mon âme plus forte que la crainte.

« Oui, j'espère que là où se lèvent chaque année tant de malades dans la joie d'une santé retrouvée, nous allons obtenir la guérison de la grande malade qui s'appelle la France.

« Tout nous permet de penser que nous allons atteindre le chiffre de 50,000 hommes.

« Pendant trois jours, sans compter l'aller et le retour, nous allons faire au Ciel la sainte violence qui sera le prix de notre salut national.

« Abbé Garnier. »

Le pèlerinage ainsi expliqué, arrivons à Lourdes.

PREMIÈRE JOURNÉE

IV

A Lourdes

Mardi 18 Avril

J'étais au nombre des pèlerins ; arrivé à Lourdes dès le lundi, l'après-midi, j'ai pu suivre tous les détails du grand événement.

Je vais reprendre, jour par jour, le modeste récit de ces grandes choses, tel qu'il a été consigné dans des lettres, écrites en hâte pour *le Peuple Français* et dont tout le mérite est de reproduire, avec l'impression du moment, les faits, les solennités et les événements, au fur et à mesure qu'ils se déroulaient.

Retoucher ces lettres serait facile, mais ce serait aussi leur enlever le cachet du récit, la vivacité des impressions vues et vécues ; nous les reproduisons, telles que nous les avons écrites à Lourdes, à l'heure même où le pèlerinage s'accomplissait, sauf à les compléter sur quelques points.

Lourdes, mardi matin.

Dès hier, bon nombre de pèlerins, 2,000 environ, arrivaient à Lourdes, en bons fourriers chargés de préparer les logements. Le R. P. Lemius, supérieur des Chapelains du Sacré-Cœur de Montmartre, les avait précédés et, avec le concours du R. P. Fontan, supérieur des Missionnaires du Travail, à Tarbes, de

M. l'abbé Bonnaire, curé de Witry-les-Reims, et des Pères de la Grotte, s'occupait de l'organisation générale. Le premier train de pèlerinage de Paris doit débarquer, aujourd'hui, vers deux heures.

Actuellement, la gare de Lourdes a reçu vingt-cinq trains de pèlerins, soit environ 18,000 hommes, elle en attend trente autres. La petite ville regorge : tout y est plein ; que sera-ce ce soir ?

Ce matin, de magnifiques cérémonies ont déjà eu lieu à la Grotte et à la Basilique : messes communions, processions, chants et allocutions en plein air. Les pèlerins arrivent fatigués, mais pleins d'une foi, d'une piété, d'un enthousiasme religieux, que l'on ne saurait décrire. Leur premier soin est de se rendre processionnellement à la Grotte et de porter à la Vierge leurs hommages.

A en juger par la matinée, si la pluie qui tombe à verse depuis deux heures, ne contrarie pas trop le pèlerinage, les solennités seront splendides et offriront un spectacle grandiose.

V

Lourdes, mardi soir.

Les deux trains de pèlerins de Paris sont arrivés à bon port et à l'heure dite : le premier, dirigé par M. le Curé de Ste-Anne de Paris et par le R. P. Thirriez, à une heure quinze ; le second à six heures, sous la direction du R. P. Vasseur et de Mgr Pèchenard. Tout le monde était plein d'entrain, de ferveur et de foi.

La petite gare de Lourdes où chacun se multiplie, a déjà reçu trente trains de pèlerins au complet; elle en attend vingt-cinq autres; et l'on estime actuellement à 30.000 les pèlerins présents, descendant tant des trains de pèlerinage que des trains ordinaires, auxquels, depuis Bordeaux, Agen et Toulouse, il faut ajouter force wagons. M. le directeur de la Compagnie des chemins de fer du Midi est en permanence à la station de Lourdes, et le service est admirablement bien organisé, tant sur le Midi et l'Orléans que sur les autres Compagnies.

La physionomie de Lourdes est des plus pittoresques et des plus curieuses. Les habitants sont un peu surpris de voir tant de vie, d'animation et de mouvement dans leur calme cité : mais ils s'empressent autour des pèlerins, et comme chacun est plein de bonne volonté et de belle humeur, tout le monde arrive tant bien que mal à se caser joyeusement.

Par exemple, dans les rues, devant la basilique, à la grotte, à la gare, on entend résonner tous les dialectes de France ; langue d'oc et langue d'oïl sont mêlées, et tous les costumes de nos diverses régions se croisent et se coudoient. Les honneurs de la journée sont pour les Bretons, qui, très nombreux, attirent vivement l'attention avec leurs petites vestes noires ou bleues, leurs gilets brodés à vives couleurs, et leurs grands chapeaux à longs rubans.

Ainsi que je vous l'ai télégraphié, dès lundi, par les trains ordinaires, de nombreux pèlerins étaient arrivés. Pour eux et les premiers débarqués de la journée de mardi, de magnifiques cérémonies, favorisées par le beau temps, ont eu lieu tant à la basilique et à la crypte qu'en plein air, à la grotte et devant l'église du Rosaire. Messes, communions, chants, allocutions, processions et défilés des pèlerins, bannières, drapeaux et musique en tête, se sont succédés mardi toute la matinée.

Vers onze heures, la pluie a commencé pour ne pas cesser de la journée ; et quand il pleut dans les Pyrénées, ce n'est pas pour rire.

Malgré ce mauvais temps, à trois heures, l'ouverture solennelle du pèlerinage, par Sa Grandeur Mgr Billière, évêque de Tarbes, a donné lieu à une solennité imposante et grandiose.

La basilique ne pouvant contenir l'affluence des pèlerins, la cérémonie eut lieu en plein air. A l'abri d'un auvent, sur les marches du perron, l'autel est dressé. Monseigneur y prend place, entouré à droite et à gauche de tout le clergé et, de là, il fait donner lecture de son discours par le R. P. Fontan, à la foule des pèlerins rangés devant lui en rangs compacts.

Après divers chants, M. l'abbé Garnier lut les acclamations du *Manuel du Pèlerinage*, que toute la foule répétait après lui. Le R. P. Lemius, directeur général du Pèlerinage et supérieur des chapelains du Sacré-Cœur à Montmartre, prononce une heureuse allocution, et Mgr Billère donne la bénédiction solennelle, au milieu des manifestations de la foi la plus vive.

Cette belle et touchante cérémonie laissera au cœur de tous ceux qui y ont assisté un inoubliable souvenir. — La foi est communicative; et, quand de grandes masses d'hommes sont réunies pour prier, vite l'enthousiasme religieux vous gagne et vous rend meilleur. Il en est ainsi dans tous les grands sanctuaires chrétiens, à Rome, à Jérusalem, etc.; mais, nulle part, ce sentiment ne s'éprouve mieux qu'à Lourdes, au pied des Roches Massabielles, en invoquant la protection de la Vierge.

VI

Discours de Mgr Billere

Vénérés Seigneurs,
Mes Frères,

Il y a seize ans, Nous sommes loin de l'oublier, qu'il plut à la Providence divine, sans aucun mérite qui Nous fût personnel, de faire de Nous un Evêque de son diocèse natal, en même temps qu'un gardienné de ce qu'on a si bien surnommé les *Lieux Saints* de la Reine du ciel et de la terre.

Pendant ce cours d'années, supérieur à celui dont un illustre ancien a dit : « C'est un grand espace dans la vie d'un homme », que de choses et quelles choses ne nous a-t-il pas été donné, ici, de voir de nos propres yeux, d'entendre de nos propres oreilles, de sentir par tous les tressaillements de notre être !

Nous avons vu des foules innombrables inonder de leurs flots vivants les pentes pittoresques de ce magnifique pli de nos Hautes-Pyrénées. Nous les avons entendues faire retentir les échos de nos montagnes de leurs chants pieux et de leurs ferventes prières. Enfin, avec elles, Nous avons assisté à ces guérisons surhumaines qui ont forcé la science à crier au miracle.

Aussi, combien de fois ne l'avons-Nous pas répétée, cette parole tombée un jour en notre présence de la bouche d'un noble pèlerin : « Si le Sanctuaire de Lourdes n'est pas le ciel, il en est au moins le péristyle. »

Et, pourtant, dans le pèlerinage dont nous saluons l'arrivée parmi nous, avec autant d'allégresse dans l'esprit que de gratitude dans le cœur, Nous remarquons des caractères si exceptionnels de puissance et d'opportunité, qu'ils ajoutent à toutes nos admirations, à tous nos enthousiasmes, à tous nos enivrements. Mais plus ils remuent, ils exaltent, ils transportent notre âme, plus Nous sommes pressé d'en faire passer dans la vôtre, avec la notion qui éclaire, le sentiment qui enflamme. C'est notre thème, Nous voudrions pouvoir dire notre chant de ce jour.

**

Ce qui distingue essentiellement le pèlerinage actuel de tous ceux qui l'ont précédé, c'est l'esprit de pénitence qui lui est propre. Nous avons presque dit personnel. Cet esprit de vie, en le pénétrant et l'animant tout entier, tout entier le fait sien. C'est un pèlerinage de pénitence, de pénitence exclusive, de pénitence achevée. De là sa grandeur, toute sa grandeur, une grandeur véritablement admirable. Car la pénitence qui en est le tout, qu'est elle? Qu'est-elle, sinon la rencontre, sinon l'embrasement de deux infinis, celui de la misère et celui de la miséricorde? C'est l'homme retombé dans l'abîme qui lève ses mains suppliantes et pousse ce cri déchirant : « Mon Père, j'ai péché. » C'est Dieu qui s'élance de son trône, les bras ouverts, et sur les lèvres cette parole émouvante : « Mon fils, je te pardonne. » Ils sont là cœur contre cœur, bouche contre bouche, confondus dans un indicible baiser de réconciliation. Au-dessus d'eux, comme autrefois au-dessus de la Grotte de Bethléem, les anges chantent : « Gloire à Dieu au plus haut des cieux, et paix aux hommes de bonne volonté sur la terre. » Oui, gloire à Dieu qui se grandit toujours de toute la hauteur dont il s'abaisse par pitié, par amour, par dévouement. Oui, paix à l'homme qui, sur les ailes de la grâce, remonte à la région sereine de l'ordre, de sa tranquillité, de son ineffable repos. Mais que disons-nous? Le pêcheur pénitent ne s'arrête pas au point d'où il était tombé, il s'élève toujours. Il s'élève ainsi poussé par un souffle de Dieu, qui ne retouche jamais une œuvre sans la perfectionner, et poussé encore par le souvenir brûlant de la faute commise dont on peut dire aussi : heureuse faute !

°

Mais cette pénitence si merveilleusement réparatrice, dont vous portez l'inappréciable trésor, à qui doit-elle s'appliquer ? Est-ce à l'homme isolé, à l'homme individu ? Il pourrait en être ainsi, ainsi seulement, que le bienfait de votre œuvre serait encore immense, serait encore incalculable. Car, l'homme, on ne saurait trop le redire, est plus brillant que tous les soleils et plus grand que tous les mondes. « Pour le tuer », s'écrie Pascal, « il n'est pas nécessaire que l'univers s'arme ; une goutte d'eau, un grain de sable suffisent. Mais quand l'univers l'écraserait, l'homme serait plus grand que l'univers, parce qu'il sait qu'il meurt, et que l'avantage que l'univers a sur lui, l'univers n'en sait rien. » Eh bien ! c'est de trente, de quarante, de cinquante millions d'hommes qu'il est question ici. Il s'agit d'une de ces innombrables nations que la main du Créateur a répandues à la surface de toute la terre. Il les a semées et cultivées là pour notre utilité et pour sa gloire, pour être nos patries respectives et les bataillons divers de sa grande armée terrestre, de sa grande armée humaine. Cependant, qui l'eût jamais pensé ? des hommes se sont rencontrés assez malheureux ou assez fous pour oser disputer à Dieu un semblable domaine. Ils ont eu l'audace, les extravagants et les insensés, de lui dire : « Gardez pour vous, tant qu'il vous plaira, les hommes, les individus. Mais les nations, toutes les nations, nous appartiennent ; à nous de les gouverner au gré de nos désirs et de nos intérêts. »

Mais à ces insolences, à ces impiétés, qu'a répondu Dieu ? Vous allez l'entendre de la bouche du plus grand orateur du monde, de l'orateur par excellence de la cour de Louis XIV, de Bossuet, prononçant l'oraison funèbre d'une illustre reine. Nous n'en citons que la première phrase et elle suffira. « Celui qui règne dans les Cieux et de qui relèvent tous les empires, à qui seul appartiennent la gloire, la majesté et l'indépendance, est aussi le seul qui se glorifie de faire la loi aux rois, et de leur donner, quand il lui plaît, de grandes et terribles leçons. » Ah ! nous les connaissons aussi, nous les connaissons surtout ces leçons données par Dieu à coups de verges de fer ; et à ceux qui jugent la terre nous pouvons dire encore, nous pouvons dire toujours : Instruisez-vous, instruisez-vous : « *Erudimini, erudimini.* »

**

Nous voici donc en face d'une nation, d'une nation malade mais guérissable, qu'il nous faut guérir. Quelle est-elle ? On l'appelle la France ; et c'est tout dire, sinon pour ceux qui la jalousent, au moins pour nous qui sommes ses enfants. Dieu lui fit, dès l'origine, trois dons incomparables, trois dons à part. C'est d'abord le don d'un génie qui fait d'elle, à la fois, un soldat et un apôtre ; le soldat de toutes les grandes causes qui agitent le monde, et l'apôtre de toutes les grandes idées qui intéressent l'esprit humain. C'est ensuite le don d'un site merveilleux qui lui permet d'être tout ensemble une grande puissance continentale et une grande puissance maritime. C'est enfin le don d'une alliance divine qui l'a sacrée, non seulement fille aînée de l'Eglise, mais encore peuple choisi de Dieu et de ses *Gestes* dans l'univers. Grâce à ces dons sans réserve et sans repentance, qu'est devenue notre belle et chère patrie ! Ecoutez ce qu'en a dit un grand Pape, témoin oculaire de son élévation : « La France est le plus beau royaume après celui du ciel. » Ecoutez ce qu'en a dit à son tour un illustre monarque : « Si j'étais Dieu, je garderais pour moi le ciel, et je donnerais la France à mon fils. » Mais, hélas ! ces sommets de la puissance et de la gloire, vainement voudrions-nous le dissimuler, nous en sommes, sinon tombés, au moins descendus. Nous en serions inconsolables, inconsolables à jamais, si nous n'avions l'espérance, non moins ferme que douce, de revenir aux plus beaux jours de nos annales. Et n'est ce pas pour hâter ce retour triomphal que nous sommes ici rangés en bataille, prêts à fondre sur nos vrais ennemis ? L'Esprit-Saint les appelle l'amour des richesses, l'amour des plaisirs et l'amour des honneurs ; et la Vierge de Lourdes nous signale les armes dont nous devons nous servir, quand elle nous crie : « Pénitence, pénitence, pénitence ! »

Dans l'armée que nous formons avec cette grande devise de l'Immaculée, nous n'avons admis aucune recrue étrangère, même alliée : nous tenons à honneur, à suprême honneur, que la France ne reprenne le rang qui lui appartient dans le monde que par la valeur et le dévouement de ses fils. Nous n'avons même voulu dans nos rangs que des hommes, parce que les hommes, ayant été la cause première de nos défaillances, doivent l'être aussi de nos réhabilitations. Cela ne Nous empêche pas de dire avec le Comte de Maistre : « Toutes les fois que la France s'est trouvée en face d'un danger grave, elle n'a jamais manqué de l'homme qu'il lui fallait ; et cet homme était presque toujours une femme. »

Il Nous plaît même de faire défiler devant vous le bataillon de ces sublimes héroïnes : les Sainte Clotilde, les Sainte Geneviève, les Blanche de Castille, les Jeanne d'Arc, les Marguerite-Marie, et Notre Bernadette Soubirous. Mais en même temps, Nous affirmons, Nous proclamons que ces libératrices de notre pays ne l'ont été ou ne le sont qu'en soulevant des hommes, qu'en les enflammant, qu'en les jetant dans la mêlée. Elles n'ont fait, ces filles de la Vierge des Vierges, qu'imiter autant qu'elles pouvaient l'exemple de leur Mère. Car si Marie a contribué au salut du monde, c'est en lui donnant son fils, l'Homme-Dieu, l'homme des douleurs, et en l'encourageant en quelque sorte jusqu'à son dernier soupir sur la Croix.

***

Certes, vous voyez tout à l'heure si, comme nous le disions en commençant, votre pèlerinage de pénitence n'est pas admirable, exceptionnellement admirable, d'efficacité et d'à-propos. Pour atteindre, sous ce double rapport, toute la limite du possible, il ne lui manque que d'être renouvelé tous les ans, que de devenir par là même une institution définitive. Mais ce couronnement dernier, Nous n'en doutons pas un instant, vous en aurez fait un des points les plus essentiels de votre programme. Nous n'avons pas devant Nous, par conséquent, un éblouissant météore qui ne paraît que pour s'évanouir aussitôt sans retour Loin de là, Nous y contemplons un astre bienfaisant, un astre divin, que rien n'empêchera d'être fidèle à ce rendez-vous également glorieux et fécond. A chaque printemps de la grâce, qui correspond admirablement à celui de la nature, vous serez ici, vous y serez aussi nombreux et aussi brillants de foi ; vous y serez pour faire vos Pâques nationales, vos Pâques patriotiques, vos Pâques françaises. Lorsque vous retournerez à vos foyers, si l'on vous demande ce que vous avez vu au terme de votre course, vous répondrez toujours et toujours mieux : « Nous y avons vu la gloire du Christ ressuscité. » Oui, ressuscité de plus en plus dans les âmes, dans les familles, dans les peuples. Mais le Christ ressuscité en nous de la sorte, c'est le Christ régnant en nous, à souhait, à l'envi. Il règnera dans notre patrie, non pour la déshériter d'aucune de ses conquêtes, d'aucune de ses institutions, d'aucune de ses libertés, mais au contraire pour les épurer, les vivifier, les enrichir toutes.

Dans la couronne de la France il ne manquera aucune fleur, ni du passé, ni du présent, ni de l'avenir et l'on ne saura qu'admirer le plus de leur beauté ou de leur parfum.

***

C'est par un bouquet semblable, par une bénédiction au-dessus de tout prix, que Nous voulons clore ce discours déjà trop long et pour vous et pour Nous. Cette sublime grâce vous vient de bien loin et de bien haut, du cœur et de la main de Notre à jamais vénéré Saint-Père. Dans le cours du mois dernier, Nous nous sommes transporté ici pour y célébrer les saints mystères et par eux demander le rétablissement de sa santé toujours plus ou moins chancelante. Ayant appris par son Eminent Secrétaire d'Etat le pieux pèlerinage que nous venions d'accomplir, Il a daigné nous faire savoir combien il en était profondément touché et aussi combien Nous lui serions encore agréable en continuant à prier et à faire prier la Vierge de Lourdes, en laquelle il place toujours sa confiance tout entière. Ah! pendant ces jours de recueillement et de pénitence, nous n'aurons garde de l'oublier dans aucun de nos exercices ni aucune de nos dévotions. L'Eglise et la France, entre lesquelles il a partagé son âme et sa vie, nous en seront reconnaissantes. Comme ce Pontife immortel doit être heureux en ce moment où il sait que vous les représentez l'une et l'autre aux pieds de Notre-Dame de Massabielle, et que vous allez participer à la bénédiction qu'il nous charge de répandre autour de Nous! Vous la donner, c'est pour Nous un bonheur que seul peut surpasser celui du ciel.

VII

Puissance de la Prière

Nous avons dit que, le premier jour, les pèlerins trouvèrent à Lourdes une pluie torrentielle ; c'est sous ce torrent que quinze mille hommes assistèrent à la cérémonie d'ouverture. Il n'y avait pas une plainte, pas un murmure, pas un découragement. Cette épreuve semblait toute naturelle dans un pèlerinage de pénitence. Le Père Lemius nous dit que cette pluie était symbolique, qu'elle marquait la nécessité de laver les âmes dans les eaux de la pénitence. Mais M. l'abbé Garnier demanda qu'on organisât une prière incessante pour obtenir la fin de cette épreuve. Et aussitôt il fit faire à la foule une prière générale, demandant à Notre-Dame de Lourdes d'aller trouver Celui qui calmait autrefois les vents et la tempête, et d'obtenir de sa puissance le temps favorable dont notre pèlerinage avait besoin.

Que de larmes cette prière publique, ces acclamations touchantes firent répandre à l'assemblée ! Un habitant du pays fit remarquer que la cessation de la pluie, dans ces conditions, serait un vrai miracle, que le mauvais temps était assuré pour sept ou huit jours. La prière se renouvela pendant l'adoration qui dura toute la nuit et le matin, les nuages avaient disparu. La pluie ne recommença à tomber que vendredi soir, aussitôt après le départ du dernier train.

Notre-Dame de Lourdes qui a tant de fois recommandé la nécessité de la prière ici même, sur la terre de Lourdes, semble avoir voulu nous donner ainsi un merveilleux témoignage de sa puissance. Les pèlerins ne l'oublieront pas et seront fidèles à prier ainsi dans toutes les épreuves de la vie.

DEUXIÈME JOURNÉE

Mercredi 19 avril

VIII

La Proclamation de la Foi ; la procession du Saint-Sacrement, l'illumination et la fête du soir.

En tête de son numéro du jour, le *Peuple Français* publiait ces lignes :

Lourdes

Quarante mille hommes, appartenant à toutes les régions de la France et à toutes les classes de la société, quittant pour une semaine leurs affaires, négligeant leurs intérêts, affrontant les fatigues d'un voyage pénible, pour affirmer leur foi, n'est-ce pas le vrai prodige?
Aussi nous comprenons l'enthousiasme qui déborde du laconisme des télégrammes, et, retenus à la tâche quotidienne par un devoir supérieur, nous nous associons aux sentiments des collaborateurs plus heureux, qui, tout à la joie du spectacle merveilleux de cette foule croyante, de ces processions dont les groupes se suivent sur un parcours de plusieurs kilomètres, de ces appels vibrants de la faiblesse d'en bas à la protection d'en haut, réparent leurs forces dans une atmosphère de foi et d'amour. De tous côté les bons Français

s'unissent, de cœur, à ceux qu'ils regardent comme leurs représentants près de la Reine de notre pays. Oui la France est avec eux; le pèlerinage spirituel groupe des millions d'âmes, toute la France catholique.

Continuant notre récit, nous écrivons:

Lourdes, mercredi midi.

Le beau temps est revenu, et un magnifique soleil fait étinceler les neiges du Grand-Ger et des autres montagnes de Lourdes. Les plus élevées atteignent quinze cents mètres, mais que les futurs touristes se rassurent et ne craignent pas les fatigues de l'excursion : on construit un funiculaire électrique qui, dans quelques mois, les transportera sans peine au sommet du Grand-Ger, d'où le panorama s'étend sur toute la chaîne des Pyrénées. On est en train également de doter les rues de Lourdes de toute une série de tramways.

Nous sommes plus de trente-six mille pèlerins. Je viens de la gare, où l'on m'a donné le chiffre officiel. Et les trains arrivent toujours. On estime que ce soir nous serons cinquante mille. A citer, parmi les plus connus, MM. de Mun, de Charette, H. Lasserre, Piou, abbé Gayraud, Léon Harmel.

La proclamation de foi de ce matin a été admirable. « Jamais solennité plus imposante et « plus grandiose ne s'est déployée dans un cadre « plus pittoresque et plus splendide », — s'est écrié avec raison le P. Bouvier, de la compagnie de Jésus, en commençant son magistral discours.

Devant l'église du Rosaire, sous un immense velum, Mgr Billère, évêque de Tarbes, avait pris place avec ses grands-vicaires, plusieurs évêques et prélats. Nous devons mentionner

Mgr l'archevêque d'Auch et Mgr de Tarentaise. Il y a plus de 3,000 prêtres. En haut, sur la terrasse de la Basilique, les drapeaux, oriflammes et bannières étaient groupés au nombre de plus de 500 et dans un ordre parfait. Devant l'autel, sur les lacets et sur toute l'immense esplanade, 30,000 hommes étaient rangés — c'était un beau, grand et magnifique spectacle.

Messe basse, par M. l'abbé Magne, de Cahors, chant du *Credo*, sermon du R. P. Bouvier, *Parce Domine*, bénédiction pontificale. Ensuite proclamation de la foi, lue par l'abbé Garnier, avec sa voix de stentor et son accent d'apôtre, répétée par 30,000 hommes, sincères et convaincus.

Croyez-vous en Dieu?

Réponse : Nous y croyons.

Demande : En Jésus-Christ ; à la sainte Eglise catholique ; à la vie éternelle.

R. — Nous y croyons.

D. — Croyez-vous à l'immaculée vierge Marie ; à l'infaillibilité du Pape?

R. — Nous y croyons.

Etc. — Je vous assure que ces demandes, formulées par notre cher directeur, et ces réponses unanimes de 30,000 hommes, le tout dans ce beau cadre de la Grotte, du Gave et des montagnes formaient un dialogue imposant, grandiose, qui saisissait l'âme.

— Non, la foi n'est pas morte, et il y a encore pour l'Eglise de France de beaux jours. Assurément, la journée du 19 avril 1899, à Lourdes, comptera dans ses plus belles annales.

P. S. — Contrairement à ce que quelques-uns avaient dit ou espéré, la plus grande liberté religieuse règne à Lourdes ; et, en ce moment, sous mes fenêtres, boulevard de la Grotte, à l'entrée de la ville, 2,000 personnes, bannières religieuses et drapeaux tricolores en tête, défilent en toute liberté, chantant l'*Ave Maria* et se rendant à la Grotte pour la cérémonie de l'après-midi.

Ce soir, si le temps le permet, grande procession aux flambeaux, soit autour de l'Esplanade et de la Croix des Bretons, soit à la montée du Calvaire.

Tout à l'heure, on me disait que les réponses de la foule aux questions de la proclamation de la Foi, ressemblaient à de véritables décharges d'artillerie.

La comparaison est très exacte. L'abbé Garnier posait trois fois la même question, en graduant la voix et obtenait ainsi des explosions plus ardentes de l'affirmation catholique.

IX

Discours du R.-P. Bouvier

Messieurs,

Il est des spectacles qui déconcertent la parole humaine. Qu'a-t-elle besoin, en effet, de retentir pour interpréter un acte dont la signification éclate à tous les regards ? Et que pourrait-elle ajouter à la puissance d'une démonstration qui comble de joie toutes les âmes, qui remplit d'émotion tous les cœurs, qui fait monter des larmes à tous les yeux ?

Trente mille hommes, accourant de tous les points de la France, pour ce rendez-vous que nous donne ici la Reine du ciel, et s'unissant dans une protestation de foi qui prend le caractère d'une manifestation nationale, véritable plébiscite d'hommage et de repentir:

non, jamais scène plus imposante et plus grandiose ne s'est déployée dans un cadre plus pittoresque et plus splendide. Depuis près d'un demi-siècle, ces lieux bénis ont été le théâtre des plus touchantes explosions de la piété catholique, mais ni l'écho de ces montagnes ne se souvient d'avoir encore redit de pareils accents de repentir et d'espérance, ni le Gave d'avoir vu un cortège aussi majestueux sur ses rives.

Jusqu'où faut-il remonter dans nos annales, pour retrouver un mouvement comparable à celui dont vous êtes durant ces jours les acteurs et les témoins? Vos pères ne sont pas levés avec plus d'empressement et d'enthousiasme, aux plus beaux siècles chrétiens, pour répondre à l'appel des vaillants pontifes qui les conviaient aux croisades lointaines.

Cependant, vous avez voulu que des voix se fissent entendre. Il faudrait ici, je le sens, un Pierre l'ermite ou un saint-Bernard, pour vous jeter quelqu'une de ces paroles qui remuent l'âme d'un peuple jusqu'en ses dernières profondeurs, et suscitent des armées capables de combattre et de refouler tous les ennemis du Christ et de l'Eglise.

Daigne la Vierge qui nous rassemble suppléer elle-même à la faiblesse de mes accents!

Des apôtres éloquents vous signaleront les autres caractères de ce pèlerinage incomparable. Pour moi, au moment où vous vous apprêtez à faire une profession solennelle de votre croyance catholique, je veux m'inspirer de votre propre pensée, et envisager cette démonstration comme l'un des actes de foi les plus éclatants et les plus opportuns qui se soient jamais produits sur cette terre de France.

I

Je ne calomnie pas mon pays et je ne dis rien qui ne soit connu, en affirmant qu'il traverse une période de malaise universel. Ce qui atteste la souffrance profonde et générale, c'est cette inquiétude sourde, c'est ce mécontentement qui se trahit sans cesse, c'est ce découragement qui envahit toutes les âmes et paralyse toutes les énergies.

Quelle est la cause du mal?

Est-ce le socialisme?

Est-ce l'anarchie?...

Est-ce la division qui règne aujourd'hui partout, dans les idées, dans les revendications, dans les entreprises?...

— Non, tout cela n'est qu'un symptôme, là non plus nous n'avons ni le principe, ni la racine du mal.

Non, messieurs, le mal dont nous souffrons, le mal dont nous mourrons, si nous n'y appliquons un prompt remède, n'est pas à la surface, il a son siège au plus intime de l'âme nationale. Vous me permettrez de le signaler sans détours : c'est l'affaiblissement ou la disparition de la foi, de cette foi dont nous avions vécu, qui nous avait fait un tempérament si généreux et si chevaleresque, qui avait été le principe de notre grandeur et de notre vraie gloire. Oui, voilà le mal de l'heure actuelle.

La foi, en effet, avait jeté en France, depuis quatorze siècles, des racines trop profondes et trop vigoureuses pour disparaître sans produire toutes les secousses auxquelles nous assistons. L'arbre qui a grandi au souffle des tempêtes sur le flanc de la montagne, enlace ses bras souterrains à des rochers éternels. Pour l'arracher, il faut ébranler la terre.

Eh bien, Messieurs, je vous le demande, qu'est devenue cette foi séculaire ? *Tentate vomestipsos si estis in fide*, vous dirai-je avec saint Paul : « Examinez-vous vous-même et voyez si vous avez encore la foi ? » L'histoire contemporaine l'a enregistré, à notre éternelle confusion, un jour, ils en ont ri et le rire de Voltaire, vous ne le savez que trop, s'est prolongé pendant une partie de ce siècle qui s'achève ; ils ont jeté des plaisanteries grossières ou raffinées sur tous nos dogmes, sur toutes nos institutions, sur toutes nos pratiques religieuses. Hélas ! l'arme du ridicule est presque toujours mortelle en France.

Ébranlés par le ridicule, ceux qui avaient encore gardé un reste de foi en ont rougi comme d'une faiblesse inavouable. Les hommes des deux ou trois générations qui vous ont précédés n'avaient rien tant à cœur que de dissimuler leur croyance. Ils se sont contentés d'un *minimum* de christianisme qu'ils s'efforçaient de dissimuler à tous les regards, et ils s'imaginaient pousser l'héroïsme à son comble quand ils osaient pénétrer furtivement dans la maison de Dieu, en y affectant des attitudes d'indifférents ou de libres-penseurs.

Tous les organes de publicité se sont acharnés d'abord sur le dogme fondamental de la création.

Pendant que ceux-là s'attaquaient à l'existence ou à l'action créatrice de Dieu, ceux-ci essayaient de battre en brèche la divinité de Jésus Christ.

Enfin, pour achever le cycle de l'erreur, on a cessé de regarder la vie future comme la destinée de toute existence humaine ; on a cherché dans la vie présente la satisfaction de toutes nos aspirations natives.

L'assaut, on peut le dire, a été complet. Pas une vérité de notre symbole qui n'ait été attaquée et travestie, contredite et écartée.

Vous vous plaignez de n'avoir plus d'idéal. Comment voulez-vous qu'il en soit autrement ? Les Français modernes n'ont plus tourné leurs regards du côté du ciel, ils ont renoncé à toute aspiration vers les joies de l'autre vie, ils ne volent plus Dieu transparaître à travers le voile des créatures ; confinés volontairement dans la matière et dans le temps, ils ne parlent plus à l'âme, ils ne parlent qu'aux sens ; ils ne songent plus à élever l'esprit, ils ne cherchent qu'à satisfaire les plus vulgaires instincts. L'idéal a fait place à un triste réalisme.

Vous vous plaignez de voir monter chaque jour le flot menaçant des passions populaires. Quoi! ils ont renversé l'une après l'autre toutes les digues élevées par la main vigilante et courageuse de l'Église, comment ce fleuve impur ne précipiterait-il pas ses eaux mugissantes sur notre société?

Ils ont voilé la grande idée de la Providence pour y substituer celle du hasard.

Ils ont écarté la pensée de Dieu, présidant aux luttes du devoir et contemplant les sacrifices de la vertu ; ils ont fermé le ciel et brisé l'espérance.

Jadis un homme dont le nom rappelle le plus haut degré de force musculaire, avait été pris et enchaîné ; on lui avait coupé la chevelure et crevé les yeux, et l'on pensait n'avoir plus rien à redouter de sa vigueur quelque temps disparue.

Vous savez comment de ses bras nerveux il parvint à saisir les colonnes de l'édifice où par dérision on l'avait amené au milieu d'un festin, et comment ces soutiens ébranlés, le monument s'effondra en écrasant dans sa chute le colosse et ses ennemis.

Voilà ce qui nous menace. Vous avez aveuglé le colosse populaire en lui arrachant la foi. Désormais, il ne grandit que pour la ruine. Un jour, qui peut-être n'est pas éloigné, de ses bras autrement vigoureux que ceux de Samson, il saisira les deux colonnes de l'édifice social, l'autorité et la propriété, il les ébranlera, il les renversera et le monde sera étonné des décombres et des victimes qu'entassera cette formidable catastrophe.

II

Mais nous ne sommes pas venus ici uniquement pour gémir. Nos infirmes n'arrivent jamais à Lourdes sans y apporter l'espoir d'un soulagement. Ils se tournent aussi vers Marie, et ils lui disent avec une confiance filiale : « Si vous le voulez, ô Mère, vous pouvez me guérir ». Vous savez si le cœur de Marie se laisse attendrir et si des miracles désormais innombrables manifestent chaque jour sa puissance et sa bonté.

C'est aussi la prière que nous lui adresserons au nom de la France, avec la même confiance et avec le même espoir : « Votre peuple, ô Mère, ô Reine, ce peuple que vous aimez avec une prédilection si touchante et si fidèle, souffre aujourd'hui d'un mal humainement désespéré : si vous le voulez, vous pouvez le guérir ».

Vous ne quitterez pas cette terre privilégiée sans demander à Marie de vivifier votre foi. *Adauge nobis fidem*, lui direz-vous. Et vous lui promettrez, vous vous promettrez à vous-mêmes de ne rien omettre pour développer d'abord en vous la fierté de la foi, le courage de la foi et le zèle de la foi. Car ce n'est qu'à cette condition que vous pouvez espérer de travailler utilement au salut du pays.

Messieurs, soyez fiers de votre foi. Jamais vous n'apprécierez assez les avantages qu'elle vous procure et les bienfaits qu'elle vous apporte. Sans amoindrir et sans entraver votre intelligence, elle lui communique ces trois privilèges qui font sa gloire : la certitude, la plénitude, la rectitude.

La certitude. Tandis, en effet, qu'ils se débattent dans les humiliations et les tortures du doute, qu'ils essaient de tous les systèmes, qu'ils ont recours à toutes les hypothèses, sans jamais rien rencontrer de satisfaisant et de définitif, nous nous reposons en toute assurance, avec la tranquillité de l'esprit et du cœur, appuyés sur le témoignage irrécusable et infaillible de Dieu, garantie supérieure aux lumières de la seule raison et à la parole de tous les savants de l'univers.

La plénitude. Car si la foi permet à l'intelligence d'évoluer librement dans la sphère qui lui est propre elle ajoute à toutes ses conquêtes un surcroît de vérités auxquelles la pensée humaine, armée de ses seules forces, n'eût jamais osé prétendre, surcroît qui se compose des vérités sublimes qu'il nous importe de connaître pour arriver à la destinée surnaturelle qui nous est réservée.

La rectitude enfin, car la foi nous signale, avec une vigilance ininterrompue, les erreurs dangereuses contre lesquelles notre faible intelligence pourrait, chemin faisant, aller se heurter et se briser.

Ah! quand on a l'honneur de porter en ses mains un pareil trésor, on peut passer le front haut et regarder avec pitié ceux qui en font peu de cas. Il ne s'agit plus de se faire pardonner, il s'agit de se faire respecter. Et je ne suis pas surpris d'entendre saint

Pierre vous crier : « Honneur ! Honneur à vous, les croyants ! » *Vobis igitur honor credentibus !*

Quand on songe à toutes les victoires que la foi a remportées, depuis dix-huit siècles, sur tous les sophismes, sur toutes les passions, sur toutes les tyrannies; quand on se rappelle qu'elle a vu les plus hautes et les plus mâles intelligences s'incliner devant ses enseignements avec un souverain respect; quand on se dit que les promesses de Dieu lui garantissent l'avenir comme elles lui ont assuré le passé, on s'y attache avec une confiance sans réserve et avec une joie sans mélange, et l'on comprend qu'ils nous portent envie ceux qui ont la loyauté de proclamer leur besoin de croire. Nous leur tendons fraternellement la main, et nous faisons des vœux pour qu'ils arrivent bientôt sur ces hauteurs radieuses où la grâce nous a conduits, et où l'on respire à l'aise dans une atmosphère toute saturée de vérité.

Ayez le courage de votre foi : le courage de la pratiquer et le courage de l'arborer.

Bossuet méprisait la science qui ne se tourne pas à aimer; il faut bien plutôt condamner la foi qui ne conduit pas à agir.

Aussi bien c'est par l'exercice que la foi se maintient et se développe. Faute d'être mise en œuvre, elle languit, elle s'atrophie et elle se meurt.

Ce n'est pas à vous, messieurs, qu'il convient de rappeler l'obligation de pratiquer votre foi. Vous n'y manquez pas. Mais avez-vous au même degré le courage de l'arborer? Il y a des jours où c'est une nécessité de l'affirmer et de la proclamer! Jamais peut être ce devoir ne s'est imposé autant qu'à l'heure actuelle.

C'est l'abstention et l'effacement qui nous ont perdus. Le respect humain a tyrannisé ce XIX° siècle La réaction est commencée, grâce à Dieu; la manifestation d'aujourd'hui en est une preuve éclatante. Aussi est-ce l'heure de redire que le courage et l'audace de la foi nous sauveront.

Le nombre des timides et des hésitants est encore considérable : votre intrépidité les entraînera.

Parlez hardiment, si vous avez le don de la parole; que cette hardiesse n'exclue ni la discrétion, ni la modération, mais que votre langage soit toujours chrétien. Le libre-penseur parle rarement sans faire ostentation de son incrédulité. Croyants que vous êtes, ne craignez pas de laisser paraître votre christianisme.

Si vous tenez la plume, rappelez-vous que la plume est l'épée des temps modernes et que la presse est aujourd'hui le premier champ de bataille. Quel que soit votre talent, il s'honorera et il se grandira en prenant la foi pour règle, en lui demandant ses principales aspirations et en se consacrant au service de sa cause.

Nous sommes à une heure où il ne suffit pas au chrétien d'avoir la foi uniquement pour lui-même. Aujourd'hui plus que jamais tout chrétien doit être apôtre.

Il n'est plus question, il est vrai, de reconquérir le tombeau du Christ, et, nous l'avouons avec douleur, nous ne pouvons songer en ce moment, à délivrer le Vicaire du Christ. C'est le Christ lui-même qui est menacé au milieu de nous, c'est le Christ qu'il faut aujourd'hui garder ou réintégrer en France.

Puisque les mécréants ont reparu, debout, debout, soldats du Christ! Vous êtes d'un courage héroïque sur les champs de bataille, montrez plus d'ardeur et d'intrépidité dans les luttes de la foi.

Ne vous laissez arrêter ni par les obstacles, ni par les longueurs de la lutte, ni par l'insuccès apparent des premiers efforts. Si notre devoir est de lutter, c'est à Dieu de fixer l'heure du triomphe. Il ne nous commande pas de vaincre, mais de combattre.

Du reste, soyez sans crainte sur l'issue finale de la guerre sainte où la religion et le patriotisme vous engagent. Dieu, dont vous défendez la cause, sera constamment à votre tête et si Dieu est pour vous qui sera contre vous? Marie, après vous avoir inspiré ici de généreuses ardeurs, vous couvrira, dans la mêlée, de sa protection tutélaire, et Marie est terrible comme une armée rangée en bataille.

Partez donc, nouveaux Croisés, partez, la foi dans l'âme et l'espérance dans le cœur, communiquez de toutes parts le courage qui vous anime, et entrez vaillamment en campagne pour repousser l'invasion croissante des modernes infidèles. La Vierge de Lourdes applaudit à vos résolutions magnanimes, elle bénit vos armes, elle tient vos étendards, et elle vous donne un rendez-vous plus solennel encore, pour chanter à ses pieds, dans un avenir prochain, le *Te Deum* de la victoire, de la Délivrance.

Revendiquez pour vous et pour tout catholique une place honorable au soleil de la liberté, cette place qu'on ne refuse ni aux tenants attardés d'Israël, ni aux disciples du Coran, et montrez-vous partout ce que vous êtes. Vous ne rougissez pas d'être reconnus comme Français pourquoi rougiriez-vous d'être reconnus comme chrétiens?

Nous avons préconisé de nos jours la liberté de conscience et la liberté des cultes. Il est bon de savoir tirer le bien du mal et de se réclamer à l'occasion, des libertés existantes, pour leur demander les seuls avantages qu'elles peuvent nous offrir.

Ne laisser passer aucune insulte à votre foi sans vous redresser et sans faire entendre une protestation pleine de dignité et d'énergie.

Les premiers chrétiens s'engageaient à relever toute attaque à leur religion, et à crier en face de l'agresseur, fût-ce à l'empereur lui-même : « Tu blasphèmes et tu mens ! » Si nous avions toujours eu cette audace, aurions-nous été opprimés comme nous l'avons été jusqu'ici ?

Allez grossir les manifestations catholiques chaque fois qu'elles se produiront autour de vous, dussiez-vous rompre avec des habitudes indifférentes et réagir contre d'autres attraits. L'appoint seul de votre présence sera un témoignage public rendu à la religion.

X

Eloquente citation de l' « Univers »

Tenant à ne pas donner seulement notre impression personnelle, nous reproduisons, sur les deux cérémonies de cette première journée du pèlerinage, les lignes suivantes parues dans l'*Univers* du 21 avril, sous la signature de M. François Veuillot, neveu du grand Louis Veuillot.

L'*Univers*, la *Vérité*, la *Croix*, le *Peuple Français* ont été, parmi tous les journaux catholiques, les principaux propagandistes du Pélerinage national d'hommes à Lourdes.

…Après l'oraison pour le Pape, l'on a interrompu les hymnes sacrés, afin de laisser la parole au peuple.

Et alors, d'un seul cri, à l'accent mâle et fier, inoubliable en vérité, dès qu'on l'a une fois entendu, ces milliers d'hommes ont jeté vers Dieu les supplications de la France.

C'étaient d'abord des élans d'amour et d'adoration: « Seigneur, nous vous adorons ; Seigneur, nous vous aimons ; hosanna au fils de David !… » Et puis, par trois fois, montait vers le trône divin le souffle puissant de l'*Adoremus in æternum*.

Suivaient aussitôt les accents de la prière et du repentir : « Sauvez-nous, Jésus, nous périssons ; pardonnez-nous, Seigneur, nous vous avons offensé ! » Et, maintenant, c'était la plainte inspirée du *Parce Domine* qui déchirait la nue, pour se jeter au sein de la miséricorde infinie.

« O Jésus, soyez notre roi, disait encore la foule, ô Jésus, régnez sur notre France !… » Et, de nouveau le *Parce Domine*, de son gémissement sublime, interrompait ces appels au Seigneur.

Enfin, venaient des protestations de fidélité à Dieu, des supplications pressantes à la Vierge Marie, que terminait l'invocation filiale : *Monstra te esse matrem !*

Je tiens à noter ici que la façon dont M. l'abbé Garnier présidait ces manifestations leur imprimait encore une plus vibrante énergie. C'était lui qui, le premier, de sa forte voix habituée aux foules, avec un accent qui pénétrait les cœurs, jetait les invocations. La multitude, alors, les répétait, comme un puissant écho, formidable et doux ; mais c'était un écho vivant, un écho pétri d'âmes, un écho comprenant ses paroles et en ressentant la profonde émotion.

Cette grande voix de la foule, admirable et impressionnante, est ce qui m'a frappé davantage, au cours de la cérémonie.

. . . .

Quant à la nuit, cette nuit de mardi à mercredi que rien ne marquait sur le programme, il ne faudrait pas moins, pour la décrire et la conter, d'une correspondance entière.

De huit à onze heures, on ne pouvait plus circuler dans le Rosaire, encombré de fidèles, où l'adoration nocturne était commencée. Devant cette foule assemblée aux pieds du Très Saint-Sacrement, naissaient des cérémonies merveilleuses. Un prêtre entonnait un cantique, immédiatement répété par l'assistance. Un autre élevait à Dieu quelque prière, à laquelle on répondait de tous les rangs pressés de l'auditoire. Alors, M. l'abbé Garnier montait en chaire. il improvisait un émouvant récit des apparitions de Lourdes, y semant de hautes leçons de piété et de foi. Le R. P. Fontan lui succédait, préparant les hommes à la confession, par un émouvant et, à la fois, pratique examen de conscience.

En haut dans la basilique, un spectacle analogue. Ici devant le Saint-Sacrement exposé qui devait recevoir aussi jusqu'au matin les adorations de la foule, on entendait le R. P. Lemius. Aux pèlerins de Lourdes, il redisait, avec la chaleureuse envolée de sa parole ardente, les merveilles de l'adoration nocturne à Montmartre.

Entre onze heures et minuit, l'assemblée se disperse, mais il reste encore 500 hommes pour continuer l'adoration jusqu'au matin.

XI

Mercredi, 9 heures du soir.

Toutes les prévisions sont dépassées : cinquante mille pèlerins couchent ce soir à Lourdes. Où, comment..,; je ne sais trop, mais enfin, la Vierge aidant, chacun arrive à se caser. Le mouvement continue et s'accentue loin de diminuer. Les trains de pèlerins se sont succédés toute la journée; ils arrivent encore. Et les trains ordinaires, bondés et surchargés, déversent par milliers, à Lourdes, de toutes les directions, des pèlerins sur lesquels on ne comptait pas.

Demain jeudi, nous serons à soixante mille, sinon plus.

Et ce ne sont pas des vieillards et des enfants, mais bien des hommes, de toutes classes, de toutes conditions, en pleine force de l'âge, énergiques, résolus, pour la grosse majorité, âgés de 24 à 35 ans.

Jamais personne n'aurait pu prévoir une aussi grandiose et aussi magnifique manifestation. On peut bien le reconnaître aujourd'hui. les organisateurs du Pèlerinage national d'hommes à Lourdes n'ont pas été d'abord sans quelque inquiétude : leur pensée serait-elle comprise, interprétée comme elle devait l'être? La journée inoubliable du mercredi 19 avril dépasse toutes leurs espérances; leur foi et leur zèle ont reçu la récompense qu'ils méritaient. Merci à eux !

Dans une précédente lettre, je vous ai dit l'imposante cérémonie de ce matin, la plus belle, la plus touchante sans contredit de la journée : la proclamation de la foi par trente mille hommes, alternant leur voix avec celle de M. l'abbé Garnier, pour attester leur ferme croyance en Dieu, en son Eglise, en la vie éternelle.

La procession du Saint-Sacrement l'après-midi, les illuminations, les chants, la marche aux flambeaux du soir, ont ensuite rempli la journée.

Pour ne pas vous donner seulement mon impression personnelle, j'emprunte à *l'Etoile de Lourdes*, les lignes suivantes qui paraissent à l'heure où je vous écris :

« A trois heures, des processions de plusieurs milliers d'hommes s'organisent sur tous les points de la ville se rendant au Rosaire. Les drapeaux où rayonne le cœur de Jésus flottent de tous côtés, des foules entières se pressent, une immense harmonie, faite de quarante mille voix, fait retentir toute la vallée.

> Vierge notre espérance
> Etend sur nous ton bras,
> Sauve, sauve la France,
> Ne l'abandonne pas.

« De tous les points de la ville de pareils cortèges surgissent. C'est un véritable délire.

« Nous arrivons au Rosaire, le spectacle est véritablement magique ! Au milieu de 50,000 hommes silencieux, entouré de milliers de prêtres, un petit groupe, le général baron de Charette et ses zouaves pontificaux, parmi lesquels MM. de Cathelineau et de St-Salvy, ont une auréole de drapeaux tricolores.

Le R. P. Gaffre prononce un magnifique discours, qu'il termine par ces mots :

« Vive le Christ qui aime les Francs ! »
Cinquante mille voix résonnent :
« Vive le Christ qui aime les Francs ! »

« M. l'abbé Garnier lit, à cette foule enthousiasmée, le texte d'une dépêche à Sa Sainteté Léon XIII.

Puis la procession s'ébranle à travers la ville; en tête, autour de leur bannière, le général de Charette et les zouaves pontificaux. »

De trois heures et demie à six heures et demie, cette procession, occupant quatre kilomètres, s'est déroulée à travers les rues de Lourdes, au milieu d'un enthousiasme et d'une foi que la plume ne peut décrire. Les hommes marchaient six, huit, ou même dix de front.

L'enthousiasme de ce matin, bien plus fort, bien plus prodigieux, se retrouve le soir à la Grotte, à l'Esplanade, devant la Basilique, à la Croix des Bretons et à la montée du Calvaire.— Tout est illuminé ; partout ce ne sont que feux, flambeaux et lumières.

Jusqu'au vieux château-fort, qui voulant s'associer à la fête, s'illumine de feux de bengale et éclaire tout l'horizon. — A Venise, à Naples, à Paris, j'ai assisté à bien des illuminations, à bien des fêtes : aucune ne m'a produit la joie et l'émotion de celle de ce soir.

XII

Discours du R. P. Gaffre

RÉSUMÉ

Messieurs,

Vous êtes venus à Lourdes pour y faire une manifestation nationale, pour y proclamer les droits de Dieu...

Ces droits, ils lui ont été déniés pour la première fois, il y a déjà plus d'un siècle, par la philosophie sectaire dont l'interprète fut le « Contrat social »...

Et le résultat de cet éloignement de Dieu, c'est qu'au *Droit* on a substitué la *Politique* et la *Force*.

La politique? A l'intérieur elle a eu pour résultat le socialisme, qui sape dans sa base la constitution même de la Patrie ; l'anarchie qui nous entraînerait dans une chute épouvantable. A l'extérieur la politique a eu pour résultat de nous éloigner de tout, sauf à nous faire les victimes de certaines alliances.

La force? Elle a chassé Dieu de partout, elle a fait de nous un peuple sans croyances et sans énergie. Et le résultat, nous l'avons vu. Que nous a-t-il manqué en 1870? Des armes? la France en était pourvue! Du patriotisme? il suffit de regarder ce vaillant général, qui est venu ici, escorté de ses héros de Patay. Ce qui a manqué à la France, c'est Dieu !

Eh! bien, Messieurs, il faut que nous revenions à Dieu. C'est par là que nous nous montrerons patriotes.

Qu'est-ce que le patriotisme ? C'est un sentiment qui nous fait penser, croire, aimer ce qu'avaient pensé, cru, aimé nos ancêtres !

Et nos ancêtres, de Clovis à Charlemagne, de Charlemagne à Napoléon, ont affirmé leur foi inébranlable !

Dieu les en a récompensés en leur envoyant Jeanne d'Arc !

Ce que nous venons faire ici, c'est contre l'athéisme moderne, la protestation du souvenir et de l'espérance ! Et cette protestation ne pouvait pas être p us unanime !

Quand je vous vois ici, Messieurs, il me semble, du haut de ces monts Pyrénéens, que la France est un immense vaisseau dont la proue ballotte entre nos deux mers, l'Océan et la Méditerranée. Et ce vaisseau conduit le monde tout entier sur la voie du Progrès et de l'Idéal.

Faites, Messieurs, que cet idéal soit un idéal chrétien ! Affirmez au nom de la France entière votre foi inébranlable et poussez bien haut ce cri :

Vive le Christ qui aime les Francs !

Le cri est répété avec enthousiasme.

XIII

La procession dans les rues de Lourdes

La Vérité, sous la plume vivante de M. Louis Colin, donne une excellente description de la procession de mercredi, et de la cérémonie qui suivit :

Quand le R. P. Gaffre termina son discours, les acclamations répondent d'une seule voix : *Vive le Christ qui aime les Francs!*

Après quoi, d'une voix qui domine l'immense foule, M. l'abbé Garnier lit, pour en demander la ratification solennelle, le texte d'une dépêche de Monseigneur de Tarbes à Sa Sainteté Léon XIII.

La ratification a lieu, et la masse s'ébranle

pour la procession féérique qui va se dérouler pendant deux heures, enveloppant toute la ville de Lourdes d'un torrent de prières et d'harmonie. La musique municipale marche en tête, la bannière du Sacré-Cœur, Charette et ses zouaves viennent immédiatement après. Puis le défilé se forme, s'étend, se reforme plus loin, se délie, s'étend encore pendant que les bannières apparaissent, bannières des villes, bannières des diocèses, franges d'or, pourpres éblouissantes, vieilles armoiries et jeunes écussons, le tout splendide, solennel, incomparable, divin. Nous sommes soixante mille. C'est la France qui s'avance, la France priante, chantante, pénitente, la France qui porte sa foi dans ses étendards, qui la fait monter d'innombrables poitrines, comme un nuage d'or au pied des vieilles Pyrénées.

Nous parcourons le boulevard de la Grotte, la rue Basse, la place de l'Hôtel-de-Ville, puis la Grande-Rue, puis contournant les murs de la nouvelle église, où les cendres de Mgr Peyramale ont sans doute tressailli, du fond de la tombe, nous voici rue de Bagnières, place du Marcadal, rue de la Grotte, que nous redescendons en chantant : *Nous voulons Dieu*, à rompre toutes les poitrines, pendant que les Bretons, que les Vendéens, que les Manceaux, que les Parisiens, les Lillois, les Toulousins, les Marseillais, les Provençaux et d'innombrables délégations se suivent et se déroulent toujours, annoncés par les bannières sans fin qui flottent sur leurs têtes. Au moment où la tête de la procession se retrouve devant l'église du Rosaire, les derniers à partir se mettent seulement en marche, en sorte que Lourdes porte sans interruption la ceinture de gloire que l'Apparition lui apporte pour la première fois, dans la procession de ces soixante mille hommes accourus de tous les points de la France. Quel spectacle, quelles explosions, quelle harmonie, quelle majesté, quelle armée pacifique !

Tous les habitants de Lourdes sont aux fenêtres ou sur leurs balcons, ils se découvrent invinciblement, eux qui, pourtant, ont vu tant de merveilles depuis trente ans, pour saluer la France qui passe ! On le sent, on le voit, on le dit ! Vous faites bien, ô Lourdois, d'accueillir ainsi, dans votre camp retranché, auprès de votre fort gigantesque, le corps d'armée de ceux qui sont venus. Non seulement c'est la France qui passe, c'est aussi la France qui lève le couvercle de son tombeau, toute tressaillante de vie et de résurrection. *Alleluia.*

Deux heures après, quand ces innombrables bataillons recouvrent, dans son entier, la place du Rosaire, la cérémonie se termine par une scène qui rappelle celle des Hébreux aux pieds du Sinaï. Alors a lieu le dialogue de la promulgation de la loi.

Ecoutez. C'est M. l'abbé Garnier qui interroge ; c'est la foule qui répond, comme répondent, aux jours des marées, solennelles, les voix de l'Océan :

— *Quel est le premier commandement de Dieu.*

Le peuple. — Un seul Dieu tu adoreras et aimeras parfaitement.

— *L'acceptez-vous comme Dieu ?*

Le peuple. — Nous l'acceptons.

— *Jurez-vous de l'observer ?*
— Nous le jurons.

— Quel est le deuxième commandement de Dieu ?

Le peuple. — Dieu en vain tu ne jureras ni autre chose pareillement.

— *L'acceptez-vous comme loi de Dieu ?*
Le peuple. — Oui, nous l'acceptons.

— Jurez-vous de l'observer?
Le peuple. — Oui, nous le jurons.

Ainsi de suite pour tous les commandements de Dieu et de l'Eglise.

La soirée sera superbe. La lune présidera dans l'azur limpide du ciel à cette féerie de la terre, et la nuit, toute la nuit, entendra, du chœur des églises comme du sommet des Espélugues, des milliers et des milliers de voix qui chanteront les douceurs de leur billet de logement à la belle étoile. *In noctibus extollite manus vestras in sancta et benedici e Dominum!*

LA TROISIÈME JOURNÉE

Jeudi 20 avril

XIV

Lourdes, jeudi matin.

Le mouvement qui entraîne les masses à Lourdes est prodigieux, miraculeux, a dit, hier soir, le R. P. Lemius aux cinquante mille hommes qui l'écoutaient, torches, cierges et flambeaux en mains.

Il fait un soleil radieux et les trains se succèdent toujours. Ce matin, sept mille Basques arrivent et défilent sous mes fenêtres, se rendant à la Grotte. Les cinquante mille hommes annoncés sont plus que dépassés : nous sommes soixante mille pèlerins.

Le R. P. Lemius en a pris texte, mercredi soir, pour paraphraser la parole célèbre de M. de Belcastel à Paray-le-Monial, en 1873 : « Je vois, et je n'en crois pas mes yeux ; j'entends, et je n'en crois pas mes oreilles ; je sens, et je comprends avec mon cœur. » — Ce matin, encore, tout le monde est sous l'impression de la gracieuse, touchante et poétique soirée d'hier ; le ciel, tout à fait au beau temps, semble nous en promettre une plus magnifique encore pour ce soir.

Dès minuit, les messes, les communions, les

chants ont commencé ce matin à la basilique et à la Grotte.

A cinq heures, M. l'abbé Gayraud réunissait les Bretons, et, après une messe solennelle à la basilique trop étroite, les haranguait sur ce texte : *Credo, Domine*, qu'il terminait par ces belles paroles : « Vous, braves Bretons, braves marins pour la plupart, croyez fermement en Dieu, et demandez à la Vierge d'être toujours prêts, afin qu'un jour, si vous descendez aux profondeurs de l'Océan, vous en remontiez vers Dieu et les hauteurs de l'Eternité. »

A sept heures et demie, une messe a été dite, à la Grotte même, pour les pélerins des deux trains de Paris. Les messes se succèdent sans interruption. Les communions sont innombrables, et le mouvement de foi prodigieux.

MM. Piou et Harmel sont au nombre des pélerins, avec M. de Mun et une foule de notabilités.

Aujourd'hui jeudi, à dix heures, messe solennelle sur le parvis du Rosaire, consécration au Sacré-Cœur et à la Vierge, sermon par le P. Etourneau, qu'on attend avec les dispositions qui préparent aux grandes grâces.

A trois heures, renouvellement des vœux du baptême, procession du Saint-Sacrement, sermon par le Père capucin Marie-Bernard; ce soir, procession aux flambeaux et *Credo* chanté par tous les pélerins.

XV

Discours du R. P. Etourneau

RÉSUMÉ [1]

Messeigneurs, Messieurs,

Il y a quelques jours, du haut des hauteurs de Montmartre, la voix de l'archevêque de Paris vous conviait à venir ici accomplir une grande manifestation ; cette parole a pénétré tous les Français chrétiens. Sous le souffle qui passait nous avons tressailli dans notre foi et notre patriotisme.

Nous nous sommes levés en masse aux dernières heures du siècle qui finit et à l'aurore de celui qui commence.

Nous sommes venus du Nord et du Midi, du Couchant et du Levant, au nombre de 30 ou 40 mille, affirmer à Lourdes not e profession de foi : catholiques et Français toujours ! unissant ainsi ces deux grands noms : Lourdes et Montmartre !

Lourdes et Montmartre ! ces deux explosions de l'action providentielle sur le monde contemporain !

Montmartre ! où se presse la vision flamboyante de l'Amour divin.

Lourdes, où nous appelle Marie, notre reine ! Montmartre, trône national de Jésus-Christ qui aime toujours les Francs.

Nous voulons nous consacrer, nous, les représentants de la France chrétienne ; nous, les catholiques de la France moderne à la Vierge de Lourdes, au Sacré-Cœur de Montmartre.

Nous avons remis cette consécration aux derniers

---

(1) Le texte du discours paraîtra prochainement dans les Bureaux de la *Revue Touriste*, 94, rue du Bac, Paris.

jours de notre pèlerinage, parce que c'est le plus important des actes que nous avons accomplis ici.

Puisque vous voulez, Messieurs, vous mettre aux ordres du Christ et de sa Mère ; pour prendre cet engagement si français, avant de le formuler à la face du ciel et de la terre, avec toute la générosité de l'amour, il me semble que nous devons nous poser ces deux questions :

Qu'est-ce que la Vierge Immaculée nous demande à Lourdes et que devons-nous faire pour lui obéir?

Qu'est-ce que le Sacré-Cœur nous demande à Montmartre et que devons-nous faire pour répondre à son appel?

I

Ce que la sainte-Vierge nous demande, Messieurs, elle l'a dit à Bernadette ; reportons-nous aux apparitions !

La voyez-vous cette petite ville de Lourdes, avec son vieux château-fort, avec ses moulins et son Gave. A l'horizon, les montagnes assombries de forêts, avec leurs rocs de granit et leurs capulets de neige. Au pied, la grotte de Massabielle ; une petite paysanne en sabots, en vêtements rapiécés, une petite bergère. Devant son regard en extase, une blanche vision. Elle ne parle pas les premières fois qu'elle apparaît. Puis, de sa bouche divine: « Priez pour les pécheurs, — Pénitence ! — Pénitence ! — Allez boire à la fontaine! — Je veux qu'on me construise ici une chapelle et qu'on y vienne en procession ! — Je suis l'Immaculée Conception ! »

Ce n'est pas la mère de Dieu, c'est la Vierge dans la candeur de sa modestie, dans l'ingénuité de sa grâce.

Elle est là, les yeux levés au ciel pour la prière. Et pour mieux nous flatter dans notre patriotisme, elle prend pour parure nos couleurs nationales. Les trois couleurs si chères, dont l'armée française est la fidèle gardienne! Elles sont là dans les roses rouges qui ornent ses pieds, dans sa ceinture bleue qui enserre sa taille, dans la robe blanche qui l'enveloppe toute entière.

Et remarquez, Messieurs, ce qu'il y a d'encourageant dans ces révélations de Marie. Le péché, c'est la seule chose que Dieu déteste. Tout le reste, Dieu l'aime, l'encourage, le bénit.

Marie ne s'attarde pas à gémir sur le mal.

Ce qu'elle vient nous montrer à Lourdes, c'est une cime ensoleillée qu'elle découvre à nos yeux ravis.

Elle ne descend dans la vallée de larmes, que pour nous faire gravir les cimes éternelles de la Sainteté.

O Vierge Immaculée, vrai type de la Perfection !

Ils ne comprennent donc pas, ceux qui vous dédaignent, ce qu'il y a de français et de chrétien dans cette dévotion ?

Avons-nous compris, nous, Messieurs, ce que nous demande Marie ?

Une seule chose lui déplaît, le péché. L'avons-nous toujours détesté ? Regrettons-nous nos révoltes, nos indignations ? Ne nous sommes-nous pas attardés à contempler le mal contemporain, sans travailler à le guérir ?

Ce que Marie nous demande, ce ne sont pas des indignations, ce sont des actes, des prières, des pénitences.

C'est la purification progressive par la réception des sacrements, la purification des corps, des âmes, des foyers, de la patrie enfin par l'observation publique des lois divines.

Si vous faites cela, Messieurs, vous serez consacrés à Marie.

En vous fortifiant ainsi, vous trouverez que vous êtes voués à la cause de Dieu, vous paraîtrez grands parce que vous le serez. Personne ne portera atteinte à votre liberté de penser, vous serez des citoyens catholiques et vous imposerez le respect.

Au-dessus des basses ignominies, vous serez les

vases sacrés de la vertu. Au-dessus des machinations ténébreuses, vous serez les ostensoirs rayonnants de la Divinité !

II

Mais si notre consécration commence à Lourdes, elle finit à Montmartre !

Je vous le répète, si Lourdes est une source, Montmartre est un foyer, où l'on se réchauffe, où l'on s'embrase. Au-dessus de Lourdes se dressent des montagnes à gravir. Au-dessous de Montmartre la plaine de la Charité.

Ici Marie nous apprend à monter. Là-bas le Christ nous enseigne à descendre. Ici Marie lève les bras vers le ciel pour nous enseigner la prière, là-bas le Christ nous apprend à les tendre pour l'action.

Et combien cette dévotion deviendra populaire dans ses effets ! Tout le monde comprend ce qu'aimer veut dire ! Le Sacré-Cœur veut nous associer à son amour ! quoi de plus chevaleresque que les moyens qu'il nous indique, les amendes honorables, les sacrifices.

Messieurs, si vous voulez vous consacrer au Christ, comprenez bien le caractère populaire de sa dévotion ! je dirai plus, le caractère officiel et national.

Souvenez-vous des promesses qu'il fit à Marguerite-Marie, pour le chef de la vieille maison de France.

Il lui demandait de prendre ses propres armes. Les rois n'ont pas compris. Aussi à la fin du XVIIIe siècle leurs étendards fleurdelysés n'ont pu vaincre la Révolution. Le dernier, le meilleur, s'en est souvenu au fond d'une prison. Et si ce n'était plus là l'hommage solennel attendu par J.-C, c'était l'oblation d'une victime qui a fait de son échafaud, l'autel expiatoire de la Monarchie française.

Ce que les rois n'avaient pas compris, le peuple l'a fait !

La fille aînée de l'Église a réparé son oubli. Le Christ a un temple national. Là, Messieurs, sur les bords de la Seine, au-dessus de cette fourmilière que fera l'Exposition, se dressera, sur les hauteurs de Montmartre, la grande figure de J.-C.

Le voyez-vous, Messieurs ? chapeau bas, saluez-le ! (*Cris de vive le Christ !*)

Le voyez-vous dans la splendeur de sa beauté? Ses blessures brillent comme des soleils ! Son manteau à longs plis semble la parure des rois, des pontifes et des martyrs. Sur son côté ouvert, le Sacré-Cœur brûle et projette au loin ses flammes et sa chaleur.

Désormais, sur les hauteurs de Montmartre, le Christ répétera :

« Voilà ce cœur qui a tant aimé les hommes ! »

Si vous voulez vous consacrer, devenez d'autres Christ. La Mère vous appelle ici, le Fils crie d'aller à lui.

Avec lui, montrez-vous aux foules ! Hélas ! parmi les catholiques j'en vois qui tremblent de marcher, d'autres qui avancent à regret, d'autres enfin qui tombent dans des doctrines exagérées. Est-il donc nécessaire d'être socialiste pour être chrétien ?

Nous n'irons pas au peuple par ambition, pour préparer des réactions ou des révolutions : ces motifs exposent à trop de périls pour la patrie que nous aimons.

Nous irons par amour, uniquement par amour. La haine et la violence ne sauraient rien fonder.

Nous n'aurons pas ces rêves de jansénistes politiques, mais au contraire des tendresses particulières pour ceux qui souffrent, pour ceux qui travaillent.

La question sociale ne se résoudra ni à coups de sabre, ni en descendant dans la rue, ce sont là des pratiques juives ; elle se résoudra par l'amour.

Aimez, Messieurs, aimez ! toute la loi chrétienne tient dans ce mot là !

Fondez des hôpitaux, des cercles, des patronages, des sociétés de secours.

Faites des manifestations aussi belles, plus belles, si c'est possible, que celle d'aujourd'hui.

Tout cela, vous le ferez, si vous aimez.

Vous irez aux malheureux ! Et dans la société de demain vous serez, Messieurs, les victimes expiatoires des crimes de la terre !

Qu'importent les persécutions ! Vos blessures seront brillantes comme celles que l'on reçoit en faisant le bien. Vous pouvez monter comme le Christ sur les hauteurs de Montmartre et vous direz ce que je vous dis avec toute l'émotion de mon âme : « Voilà ces cœurs immolés, consacrés à la Vierge et au Sacré-Cœur, voilà ces cœurs qui aiment tant Dieu et les Hommes ».

XVI

Lourdes, jeudi, 2 heures.

Soixante-trois mille pèlerins : voilà le chiffre officiel actuellement accusé par la gare de Lourdes. Aussi il faut voir la foule dans les rues. Mais, comme je vous l'ai déjà écrit, tous ces bons pèlerins sont de belle humeur : tout le monde s'entend, se fait place, et joyeusement chacun se tasse et s'organise de son mieux.

La consécration au Sacré-Cœur et à Notre-Dame de Lourdes de ce matin a été splendide. M. l'abbé Garnier a lu les formules de la consécration, et soixante mille hommes les répétaient après lui avec un entrain indescriptible.

Il faut en citer quelques-unes :

Nous serons soumis d'esprit et de cœur à l'enseignement infaillible de votre Eglise et du Pontife romain votre Vicaire ; nous serons dociles à la voix de notre Evêque et de nos prêtres.

Jamais nous ne donnerons notre nom aux sectes condamnées par l'Eglise et toujours nous combattrons leur influence satanique.

Nous le jurons, Cœur sacré de Jésus !

Tous les soirs nous ferons le catéchisme dans nos familles et la prière en commun comme nous l'ont appris nos pères.

Nous le jurons, Cœur sacré de Jésus !

Nous jurons de fermer notre maison à tout livre, à tout journal qui ne serait pas chrétien.

Nous le jurons, Cœur sacré de Jésus !

Nous porterons sur nous votre croix, gage de votre amour et signe de notre espérance, et jamais nous ne rougirons de vous, ni de votre doctrine, afin que, devant votre Père, vous n'ayez pas à rougir de nous.

Nous le jurons, Cœur sacré de Jésus !

Puis M. l'abbé Garnier a lu la dépêche du Saint-Père, envoyée par le cardinal Rampolla, en réponse au télégramme adressé mercredi à Rome par le pèlerinage. Sa Sainteté Léon XIII bénit tout particulièrement les pèlerins en ce moment réunis à Lourdes ; le vénérable cardinal Richard, archevêque de Paris, leur envoie également sa bénédiction, ainsi que plusieurs archevêques et évêques.

Avec Mgr Billère, évêque de Tarbes, l'archevêque d'Auch, Mgr Balaïn, Mgr Fiard, évêque de Montauban, escortés de leurs chapitres, l'évêque de Tarentaise, l'évêque auxiliaire de Carthage et plusieurs prélats sont placés devant l'autel du Rosaire. Des chanoines en grand nombre et cinq mille prêtres les entourent. Le cantique *Je suis chrétien*, chanté par soixante mille voix d'hommes se répercute avec l'*Ave Maria* jusque sur les monts environnants.

C'est M. l'abbé Bonnaire qui dirige les chants d'ensemble, et qui souvent fait prier ou chanter ces grandes foules, les bras en croix, ou les mains élevées vers le ciel. Les cris : Vive Dieu, Vive Jésus-Christ, Vive Marie, Vive la

France ! se font entendre par immenses acclamations. Soixante mille hommes, n'ayant qu'une âme, qu'une foi, qu'une espérance, l'expriment chaleureusement à pleins poumons. Le coup d'œil est magnifique, et ceux qui le donnent sont de bons chrétiens, mais aussi de bons français. Tous en ce moment volontiers se feraient tuer pour Dieu ; mais tous aussi volontiers, je le crois sincèrement, se feraient tuer pour la France, s'il en était besoin.

Gesta Dei per francos : Vive le Christ qui aime les Francs !

Au moment où l'abbé Garnier terminait la consécration un incident s'est produit. Emporté par la parole de l'orateur, un homme avait crié : Vive l'abbé Garnier ! et la foule avait répété le cri.

Aussitôt l'abbé Garnier remonte en chaire et s'écrie : Non, non, c'est très mal ce que vous faites là ! Puisque vous avez soif d'acclamations, acclamons un peu tout ce que nous aimons le plus au monde :

> Vive la France !
> Vive l'Episcopat Français !
> Vive l'Armée Française !
> Vive le Pape Léon XIII !
> Vive l'Eglise catholique !
> Vive Notre-Dame de Lourdes !
> Vive le Saint-Cœur de Marie !
> Vive Notre Seigneur Jésus-Christ !
> Vive le Sacré-Cœur !
> Vive le bon Dieu !
> Que son nom soit sanctifié !
> Que son règne arrive !
> Que sa volonté soit faite !
> Vive le bon Dieu !

Chacune de ces acclamations fut répétée avec un enthousiasme qui tenait du délire.

XVII

Lourdes, jeudi soir.

Nous n'avons pas dit assez que le chiffre de 63,000 pèlerins était le chiffre mathématique donné par la gare de Lourdes, c'est-à-dire le nombre des billets de chemins de fer, et que devant cette appréciation le soupçon d'une exagération quelconque devait disparaître.

Cette réflexion était nécessaire pour apprécier à sa juste valeur l'importance de la manifestation qui vient de s'accomplir. Essayez de vous représenter cette foule d'hommes, presque tous appartenant à la classe ouvrière, parmi lesquels les jeunes gens dominent. Essayez de voir cet océan de têtes humaines, ces yeux braqués sur l'orateur ou sur l'autel, ces bras qui se lèvent, au-dessus des têtes, comme pour acclamer la miséricorde de Dieu, chaque fois qu'une prière plus suppliante leur est suggérée; essayez d'entendre les réponses de ces milliers de bouches, les cris de ces milliers de poitrines, répondant aux questions qui leur sont adressées, comme s'il n'y avait qu'une seule poitrine et une seule bouche, et vous vous ferez quelque idée de ce qu'ont été ces incomparables cérémonies.

Ces acclamations : *nous le croyons ; nous le jurons ; pardon, mon Dieu ; vive Jésus Christ; vive la France* et tant d'autres, partaient comme d'innombrables coups de canon.

Reprenons maintenant le récit des cérémonies. Jeudi après-midi, la procession du Saint-Sacrement se déroule autour de l'hémicycle, sous les rayons caressants d'un soleil splendide.

XVIII

Allocution du P. Lemius

Jeudi, 20 avril, 3 heures soir.

Cérémonie présidée par Sa Grandeur, Monseigneur Billère, évêque de Tarbes.

Le P. Lemius, monte en chaire et prononce l'allocution suivante :

Messieurs,

Hier, nous avons accompagné notre Bon Maître à travers les rues de la ville en lui faisant un cortège imposant. Aujourd'hui, nous allons donner un cachet spécial à la cérémonie, à la procession d'aujourd'hui.

Messieurs, vous représentez la France malade. Nous n'avons pas voulu en avoir d'autre.

Par conséquent, prenez sur vous les plaies de notre chère patrie. Notre Seigneur va passer dans nos rangs. Il va aussi faire le tour de la France que vous représentez et vous ferez, au nom de cette France, des acclamations au travers desquelles vous ferez passer votre cœur.

O Jésus, nous refuserez-vous la guérison que nous vous demandons ?

Quelle grandeur, Messieurs, dans cette procession qui va se faire !

Je vous le répète : Vous êtes la France malade, demandez ardemment sa guérison et son salut.

XIX

La Cérémonie

Les prêtres seuls, qui étaient au nombre d'environ cinq mille, y prirent part, avec les drapeaux et les bannières qui étaient également fort nombreuses. La masse des pèlerins reste immobile au milieu de ce défilé qui l'enveloppe. Le Saint Sacrement faisait ainsi le tour de la France représentée par les pèlerins. Puis un capucin, le P. Marie-Bernard, monte en chaire et compare la résurrection de la France à la résurrection de la fille de Zaïre. Il prépare la rénovation des promesses du baptême et de la confirmation.

L'abbé Garnier dirige cette partie de la cérémonie. Citons-en quelques points :

Enfants de Dieu et de l'Eglise, qu'êtes-vous devenus par la Confirmation ?

— LES SOLDATS DU CHRIST !

Rougirez-vous de votre condition de chrétiens ?

— NOUS SOMMES FIERS D'ÊTRE CHRÉTIENS !

Manquerez-vous de courage dans les combats de la foi ?

— NOUS SOMMES ANIMÉS DU SAINT-ESPRIT ?

Où puiserez-vous la sagesse et l'intelligence, le conseil et la force ?

— DANS L'ESPRIT-SAINT !

Où puiserez-vous la science, la piété et la crainte ?

— DANS L'ESPRIT-SAINT !

Soldats du Christ, êtes-vous prêts à souffrir pour votre Maître ?

— NOUS SOMMES PRÊTS A MOURIR POUR JÉSUS-CHRIST !

Puis le R. P. Lemius prend la parole ; il remercie les pèlerins, les Compagnies de chemins de fer, qui viennent de faire des efforts inouïs pour la bonne organisation du pèlerinage ; Messeigneurs les archevêques et évêques, qui, au nombre de 47, l'ont encouragé et béni ; Léon XIII, qui vient de nous faire parvenir sa bénédiction toute spéciale ; enfin Mgr l'évêque de Tarbes, qui permet que demain vendredi tous les pèlerins et tous les habitants de Lourdes puissent manger des aliments gras.

Le soir, à huit heures, le R. P. Farjou adresse aux pèlerins réunis devant la Grotte une allocution très vivante, sur le rôle de la pénitence dans le relèvement national de la France, et la procession aux flambeaux s'exécute, transformant tout le pays en un immense lac de feu, pour se terminer vers dix heures par le chant du *Credo* grandiose, imposant, répété par tous les échos d'alentour.

XX

Discours du R. P. Marie-Bernard

RÉSUMÉ

Après la procession, le R. P. Marie-Bernard, capucin, prend la parole :

Messeigneurs, Messieurs,

Devant ce magnifique spectacle on dirait d'une résurrection. Rappelez-vous la résurrection de la fille de Jaïre. Ici nous avons la résurrection de la France ; notre patrie chérie se prosterne aux pieds du Sacré-Cœur et lui dit : « Maître, bénissez-moi ! » En présence de cette foule, on ne peut que dire : Non, la France n'est pas morte. Elle vit.

Ah ! hommes de France, devant qui j'ai l'honneur de parler aujourd'hui, levez-vous ! Entends-tu, France chérie, tes enfants disent que tu n'es pas morte. Lève-toi donc et que ta vie reprenne toute sa splendeur. O vierge Marie, êtes-vous contente ? La voilà, votre fille aimée, la voilà votre fille chérie !

C'est un temps nouveau qui se lève, et c'est vous, Messieurs, qui venez de tous les coins de la France nous en donner l'aurore. Ah ! que c'est beau ! que c'est grand ! voilà que des cieux semble descendre un cri pareil à celui que les anges chantaient à Bethléem : « Gloire à Dieu et paix sur la terre aux hommes de France ! »

Vous allez renouveler les vœux de votre baptême. Un nouvel esprit va circuler dans vos âmes. Ne vous effrayez pas, Messieurs, des dangers de l'heure présente. Les Français ne doivent pas connaître la peur, et d'ailleurs n'ont-ils pas toujours combattu ? La France est la fille aînée de l'Eglise. La France a toujours pris la défense de Jésus, qui est le plus grand roi du monde. Debout donc, Messieurs, et dans notre visite à Marie n'oublions rien pour être agréable à son Fils.

Chrétiens, voulez-vous désormais être des chrétiens sérieux ? Levez-vous, et criez : « Vive Notre-Seigneur Jésus-Christ ! »

Et de trente mille poitrines s'élève le cri : Vive Notre-Seigneur Jésus-Christ.

Voulez-vous être des Français aimant Dieu et servant Notre-Seigneur Jésus-Christ comme il le mérite ? Levez la main.

Et trente mille mains se lèvent pour attester qu'ils veulent servir Dieu.

Mais comme l'enfant ne peut pas être séparé de s

mère, entendez-vous, hommes de France, voulez-vous aussi aimer Marie, notre mère bien aimée ?

— Nous voulons aimer Marie, crient ensemble tous les pèlerins.

Voulez-vous défendre les intérêts de l'Eglise, qui sont les mêmes que ceux de Jésus ? Regardez les noms glorieux qui sont inscrits sur l'étendard de Jeanne d'Arc. Avec cet étendard la France a marché de victoire en victoire. Frères bien-aimés, levez-vous et marchez. Nous marcherons aussi de victoire en victoire.

Notre modèle, que nous devrions méditer pour le bien imiter, c'est saint Joseph. L'ange lui annonce les noirs desseins d'Hérode et le charge de veiller à la sécurité de Jésus et de Marie.

Aussitôt il se lève, et la nuit même il part, il fuit en Egypte et il y reste aussi longtemps qu'il le faut pour attendre la mort d'Hérode.

Nous aussi nous sommes chargés de la défense de Jésus et de Marie. La nuit, c'est le travail patient, humble, silencieux. L'Egypte, c'est la pénitence. Il faut la prolonger jusqu'à ce que le salut soit assuré.

Demain, vous repartirez. Vous allez retrouver vos frères, vos amis. Vous irez raconter les merveilles que vous avez vues et tout le monde sera dans l'admiration. Allez-y porter Jésus, qui est le maître du monde, le salut des nations.

Allez porter Jésus dans l'atelier, à l'ouvrier. Allez porter Jésus à notre armée. C'est Jésus qui a remporté la victoire sur le monde. C'est par Jésus que nous serons vainqueurs. Allez porter Jésus au monde entier. Il est la lumière et la vie.

O notre Mère, ô Marie Immaculée, secourez-nous, protégez-nous.

Encore une fois : Vive Jésus-Christ ! Vive la France !

XXI

Le télégramme du Saint-Père

Voici le texte de la dépêche envoyée à Sa Sainteté Léon XIII, par Mgr l'évêque de Tarbes, au nom du pèlerinage :

A Sa Sainteté le Pape Léon XIII

Quarante mille hommes, venus de tous les diocèses de France aux pieds de Notre-Dame de Lourdes pour accomplir leur premier pèlerinage national de prière et de pénitence, professer hautement leur foi catholique, proclamer leur soumission entière aux lois de Dieu et de l'Eglise, renouveler leurs vœux de chrétiens et de parfaits soldats de Jésus-Christ, se consacrer solennellement à Notre-Dame de Lourdes et au Sacré-Cœur de Jésus, seul espoir de la France, veulent se prosterner aux pieds de Votre Sainteté pour affirmer leur obéissance absolue aux enseignements du Pape infaillible et aux directions du chef suprême de l'Eglise. Ils ne se sépareront pas sans ajouter aux prières quotidiennes faites pour Votre Sainteté un TE DEUM en reconnaissance de la guérison merveilleuse obtenue pour votre auguste personne.

L'évêque de Tarbes est heureux de se faire l'interprète de ces sentiments, et sollicite de Sa Sainteté la bénédiction apostolique pour les quarante mille pèlerins, les directeurs diocésains, les membres du comité et les trois vaillants organisateurs, Père Jean-Baptiste Lemius, Henri Fontan, abbé Bonnaire, et les RR. Pères gardiens de la Grotte.

Cette bénédiction apostolique sera pour tous le gage de leur fidélité au grand acte religieux et national qu'ils viennent accomplir.

† PROSPER-MARIE
Evêque de Tarbes.

Voici la réponse de sa Sainteté Léon XIII, transmise à Mgr Billère, évêque de Tarbes, par le cardinal Rampolla :

A Monseigneur l'évêque de Tarbes,
Lourdes

Rome, 19 avril.

Le Saint-Père a beaucoup agréé l'hommage des nombreux pèlerins français. Il les remercie par votre entremise, et envoie à tous sa bénédiction apostolique, gage de son affection, et ses souhaits de bonheur.

M. Cardinal **RAMPOLLA**.

XXII

Remerciements du P. Lemius

Jeudi, 5 heures soir.

La cérémonie des vœux du baptême est terminée. Le R. P. Lemius, de Montmartre, monte en chaire et annonce qu'il va donner quelques avis importants.

Ces avis sur ses lèvres deviennent une superbe manifestation.

La gare de Lourdes déclare que 63,000 hommes sont venus du dehors à Lourdes pendant ces trois jours.

Aux applaudissements de la foule l'orateur remercie les compagnies des chemins de fer, qui ont fait des efforts inouïs pour l'organisation du pèlerinage.

Reconnaissance, dit-il encore :

Au S.-C. de Jésus. C'est lui seul qui a pu accomplir ce grand miracle de tant de foules d'hommes réunis à la fois.

A Marie, qui nous a donné la pluie de mardi pour faire éclater notre générosité, et le beau soleil ensuite pour nous réjouir.

A Léon XIII, qui nous envoie sa bénédiction.

A Messeigneurs les évêques, qui ont encouragé ce pèlerinage.

A Mgr l'évêque de Tarbes qui nous traite comme ses enfants, et permet *que demain vendredi tous les habitants de Lourdes et tous les pèlerins puissent manger des aliments gras.*

Aux prédicateurs, qui ont l'âme si chrétienne et la fibre si française.

Au grand orateur de Notre-Dame de Paris, qui faisant é ho à la parole du Pape, nous a montré le salut dans Lourdes et Montmartre.

A MM. les Brancardiers infatigables et admirables serviteurs de la Reine de France, aux autorités de Lourdes, spécialement au premier magistrat de la cité, qui nous a accueillis avec une bienveillance parfaite, mettant à notre service ses rues, ses vaillants pompiers, ses musiciens qui ont fait un beau cortège à Jésus, Roi des Rois, à la foule des hommes venus de si loin et si nombreux. A son appel, les prêtres d'abord (au moins 6.000), les pèlerins ensuite, promettent que l'année prochaine on reviendra. Tous se feront les apôtres de ce nouveau pèlerinage.

Tous, prêtres et laïques, ont promis d'envoyer leur carte au R. P. Lemius, Montmartre (Paris). Chaque carte portera ces mots significatifs: « Pèlerin de Lourdes. »

Puis, Messeigneurs les évêques ont béni la foule par une bénédiction unique et imposante.

Inutile d'ajouter que les paroles de l'orateur ont été hachées par des bravos sans fin.

Tandis que la foule s'écoule, MM. les députés de Mun, Piou et général Jacquey sont reconnus et acclamés.

LA SOIRÉE DU JEUDI

XXIII

Le discours du R. P. Farjou

Nous empruntons à l'*Univers*, du 26 avril, les lignes suivantes :

Les quatre manifestations solennelles étaient achevées. Mais trente mille hommes allaient passer la soirée dans Lourdes et plusieurs milliers de chrétiens y demeurant encore adresseraient le lendemain les adieux du pèlerinage à la Vierge Marie. Aussi, comme la précédente, elle fut merveilleuse et constamment remplie de cérémonies vivantes la nuit qui s'écoula du jeudi soir au vendredi matin.

On voulait organiser une procession aux flambeaux et le rendez-vous avait été donné devant la Grotte. A neuf heures et demie du soir le grand lac de lumières, admiré déjà la veille au soir, ondulait sous la brise, au bord du Gave, inondant de feu les rives de l'eau.

Devant cette assemblée, ce fut le R. P. Farjou, de la Compagnie de Jésus, qui prit la parole, après le chapelet récité.

Le zélé religieux avait choisi pour texte : *Opus consummavi quod dedisti mihi ut faciam.* « J'ai accompli l'œuvre que vous m'aviez donné à faire »; et c'est avec beaucoup de tact et d'à-propos qu'il mettait l'expression divine aux lèvres de Marie. L'œuvre de Marie, c'était de donner Jésus son fils au monde. Avec quelle effusion de miséricorde elle l'avait donné d'une façon toute particulière à son peuple de France ! Et l'éloquent prédicateur évoque en peu de mots les gestes de Marie à travers notre histoire. En ce siècle, à nouveau, Marie nous a redonné Jésus qu'on voulait nous arracher. A Lourdes, elle nous a rendu le divin guérisseur qui, voici dix-neuf siècles, allait par les voies de Judée. Aujourd'hui enfin, dans cette inoubliable manifestation qu'elle a inspirée, qu'elle a fait réussir, elle nous rend Jésus-Christ roi. Le roi du ciel est acclamé roi de notre patrie, par la France nouvelle, assemblée aux pieds de sa divine Mère !

Après ce discours, la procession aux flambeaux se forme ou plutôt de divers côtés, parmi les remous de lumières, il se constitue plusieurs processions séparées, car on ne peut réunir toute la foule en un seul cortège. A ce peuple en marche, il eût fallu encore une fois, comme la veille après-midi, toute la ville entière.

QUATRIÈME JOURNÉE

Vendredi 21 avril

XXIV

Lourdes, midi, 21 avril.

La nuit, comme les deux précédentes, a été sanctifiée par une double adoration nocturne, dans les deux basiliques. De tous côtés on aperçoit le matin des hommes qui se confessent, puis les groupes qui se répandent au pied de tous les sanctuaires, ou qui se suivent dans la montagne à chacune des stations du Chemin de Croix. Tout se passe dans l'ordre le plus parfait, le silence et le recueillement le plus admirables.

A dix heures a lieu la dernière assemblée des pèlerins, c'est la messe de clôture, la messe des adieux. C'est l'abbé Garnier qu'on charge d'y prendre la parole. Il résume l'œuvre que Marie a voulu faire à Lourdes et donne très nettement la part de collaboration que les hommes doivent lui procurer.

Le P. Lemius apprend alors à l'assemblée qu'une guérison miraculeuse s'est produite. Un cri retentit : Un miracle ! Un miracle ! Un homme se lève agitant deux béquilles et se précipite au milieu de l'enthousiasme général.

On chante le *Te Déum* pour le Pape. Monseigneur l'évêque de Tarbes donne la bénédiction papale, puis les trains s'écoulent peu à peu, emportant aux quatre coins de la France l'armée des pèlerins qui, pendant trois jours, ont reçu comme le baptême du feu aux pieds de Notre-Dame de Lourdes.

XXV

Les Adieux à Lourdes

Sur la dernière matinée des pèlerins à Lourdes, vendredi, nous trouvons dans la *Vérité* les lignes suivantes :

« Vendredi est le jour des adieux. Les autels sont assiégés, la place du Rosaire est pleine, les bords du Gave sont envahis. Par bataillons, qui se détachent d'heure en heure, le défilé du départ commence. On remplit ses bidons, on s'agenouille une dernière fois, on entonne un vibrant cantique, et l'on part, enivrés de la joie et de la force de Lourdes.

Ceux-ci sont les Vendéens qui passent, ceux-là les Lyonnais qui s'en vont. Regardez. Voici les Basques, au nombre de sept mille ; voilà les Landais, dont la colonne s'avance. Ici, les Toulousains ; là, les Marseillais ; là encore, les bruyants fils de la Provence. C'est la revue, la grande revue à Lourdes, de tous les bataillons de l'armée de la prière, de l'armée de la France.

Cependant deux messes plus solennelles sont dites à la Grotte. Celle des zouaves pontificaux et celle des Bretons. Celle des zouaves à cinq heures, celle des Bretons à huit. Les zouaves sont là, avec leur bannière qui flotte au-dessus d'eux, tenue tour-à-tour par Charette et Cathelineau. Le R. P. Peyrafitte, de la Grotte, leur adresse quelques paroles pleines d'à-propos, les communions ont lieu et bientôt chacun se retire pour aller de là, au flanc des Espélugues, faire en commun le chemin de la Croix.

M. l'abbé Garnier improvise une allocution que l'on pourrait appeler celle des adieux pour ceux qui sont là. « Gardez le souvenir de vos serments, l'ardeur de votre foi, » s'écrie l'orateur des foules. Et pendant un quart d'heure, devant la grande assemblée, dont les premiers vides se remarquent à peine, il donne d'excellents conseils à tous et à chacun, conseils qui se terminent par la lecture des saints Evangiles.

On applaudit et l'on prend ses dispositions pour quitter la terre de Lourdes.

Puis, voici qu'à la fin de la messe des Bretons, un mouvement extraordinaire se produit. Le remous des pèlerins laisse passer, en l'escortant de ses émotions en larmes, un ouvrier porteur de deux béquilles, qui se trouvait dans la masse et qui subitement vient de se sentir guéri. Il était venu de Gransac, dans l'Aveyron, avec les pèlerins de sa province. Mêlé à la masse, priant avec tous pour la France, la vertu divine venait de le toucher et de lui rendre ses jambes pour reprendre librement le chemin de son existence.

Le mal qui était le sien, le voici : un coup de mine était parti quatre ans auparavant, pendant qu'il était en train de l'amorcer. Projeté alors à quelques mètres de là, il était retombé sur le sol avec toutes sortes de contusions et une jambe fracturée.

La jambe ne s'était jamais remise. L'ouvrier, après un très-long repos, avait fini par sortir du lit, à l'aide de béquilles qui l'aidaient à marcher péniblement. C'est en cet état que, venu au pèlerinage national des hommes, il avait rencontré la grâce de sa guérison. Emouvant symbole, prophétie sans doute de ce qui arrivera un jour, après les prières, après les cris de la foi reconquise, à cette autre malade qui a nom la France. »

XXVI

Discours de M. l'abbé Garnier.

Résumé

Non fecit taliter omni nationi
Dieu n'a fait cela que pour la France.

Lorsqu'il y a trois jours, je vous demandais de prier pour le beau temps, je vous disais : Marie est là, au milieu de nous, au-dessus de notre assemblée. Invisible, elle nous voit : silencieuse, elle nous écoute : saintement curieuse de savoir le degré de notre générosité, elle veut voir comment nous supporterons cete épreuve.

Je termine par la même pensée, Marie est ici, voyez-là par les yeux de la foi, écoutez-la surtout, elle voudrait vous parler, tout mon but est interpréter ce qu'elle veut vous dire.

Vous lui faites vos adieux, c'est un *au revoir* qu'elle vous répond.

L'au revoir du ciel d'abord. Ah! dites bien:

> J'irai la voir un jour;
> J'irai près de son trône;
> Recevoir ma couronne,
> Et régner à mon tour.

Mais aussi l'au revoir de la terre. Elle vous demande d'aller faire son œuvre sur le point de la France que vous habitez, puis de revenir, pour lui montrer le fruit de votre travail, pour recommencer encore et faire toujours mieux.

— Mais, ô Marie, votre œuvre quelle est-elle?

— C'est le salut de la France par les moyens de Dieu. Mon fils et moi nous aimons la France. Il ne nous suffit pas de la protéger extérieurement; elle n'aurait qu'une vie factice. Nous voulons lui donner une grande vie intérieure. On a dit que jamais un peuple en décadence ne s'était relevé. Nous voulons relever la France; pour cela, rendre la vie, la vraie vie, bien énergique et bien active à une âme, qui la donnera à une autre, puis chacune d'elle à une autre encore; comme on allume plusieurs cierges à celui qui est allumé le premier.

Et quand la France aura ainsi retrouvé sa vie, nous voulons par elle relever toutes les autres nations dont elle est la sœur aînée, agir sur le monde entier.

— Mais, ô Mère de la France, quels sont donc vos moyens d'action pour obtenir de tels résultats?

— Mon fils et moi, nous n'en voulons pas d'autres que ceux qui ont présidé à la formation chrétienne de la France.

Elle se composa de deux parties : sa conversion par l'enseignement et la pratique de l'Evangile, puis son alliance avec mon Fils en 496, dans l'acte mémorable : vive le Christ qui aime les Francs!

Ces deux parties avaient été précédées de tout ce qui fit l'établissement de l'Eglise et dont le premier acte fit mon Immaculée Conception.

C'est en 1830 que j'ai commencé mes apparitions

incessantes à la France ; c'est mon œuvre que je n'ai cessé de continuer depuis 69 ans. J'ai demandé d'abord votre foi en mon Immaculée Conception. C'est pourquoi dès 1830 je vous ai donné la médaille miraculeuse et l'invocation : ô Marie conçue sans péché.

Puis je vous ai rappelé les vérités principales du christianisme, surtout la pénitence et la prière. J'espérais que certaines âmes commenceraient à s'appliquer ces moyens, puis formeraient des groupes, uniraient ces groupes et me donneraient comme une immense armée.

J'ai promis à mon Fils de lui amener un jour la France chrétienne, aimante, résolue à faire son œuvre dans l'avenir comme elle le fit dans le passé. Mais cette action sur la France a besoin de votre concours. N'est-ce pas ainsi que vous formez l'armée française, par de petits groupes qui s'unissent à d'autres, qui forment des bataillons, des régiments, des brigades, des corps d'armée et enfin par l'union de tous les corps d'armée sous un général en chef.

Je veux être votre général en chef contre Satan, contre le péché, contre tous les maux. Voilà mon œuvre ! Voilà comment la France sera sauvée !

Et dans l'armée, vous avez des exercices, vous avez des grandes manœuvres pour former, pour aguerrir les soldats. Moi aussi je veux des opérations semblables. Votre pèlerinage actuel est votre première grande manœuvre. Il en faudra d'autres.

— Merci, merci mille fois, ô Reine de France de nous aimer ainsi ! Merci de nous révéler vos desseins ! Veuillez bien préciser ce que vous voulez de nous, nous y serons fidèles.

— Je vous demande de faire ce que j'ai fait, et d'exécuter ce que j'ai dit.

La France nous offensait, elle nous blasphémait avec une ingratitude et une injustice révoltantes. Mon Fils et moi, nous ne l'avons pas repoussée. Nous l'avons aimée.

Je vous demande d'aimer ainsi les pauvres pécheurs,

je vous demande de nous les gagner par votre bonté. Ils ont des âmes, sauvez-les. On prend plus de mouches avec une cuillerée de miel qu'avec cent tonneaux de vinaigre.

Oh! oui, ayez de la bonté pour les pécheurs, pour ceux qui nous offensent, pour ceux qui nous ont persécutés, pour ceux qui ne sont pas de votre parti, pour ceux que par ailleurs vous êtes obligés de combattre. Aimez-les tous réellement.

Pour eux, donnez largement la pénitence et la prière, afin qu'ils aient la grâce.

Puis, portez-leur la vérité, donnez-leur l'Evangile. L'Evangile est le moyen que mon Fils a choisi pour sauver la France et le monde.

Votre malheur est d'avoir abandonné l'Evangile. Dans toutes mes apparitions, dans toute mon œuvre, je n'ai fait que vous rappeler l'Evangile et essayer d'y ramener la France. Si vous ne l'aviez pas abandonné, mon œuvre eût été inutile.

— Alors, ô Marie, nous pourrions dire que c'est une heureuse faute : *felix culpa*; mais nous allons la réparer. Comment faire pour reconstituer la grandeur de notre patrie, par les moyens que vous vous proposez?...

— Quand vous aurez bien rempli mon programme, le reste se fera presque de lui-même. Mon Fils n'a-t-il pas dit : *Cherchez le règne de Dieu, les autres choses viendront par surcroît.* Croyez à sa parole, elle ne trompe jamais.

Oui, vous arriverez à refaire l'âme française, l'unité nationale, le *cor unum et anima una* de ce pays que j'aime; il est devenu le mien depuis qu'on ne cesse de m'y dire : *regnum Galliæ, regnum Mariæ*.

Mais pour que votre travail soit durable, il faut que le démon n'y ait aucune part. Voyez Jeanne d'Arc, elle ne voulait pas avoir, dans son armée, même un seul soldat en péché mortel. Oh ! qu'elle avait raison !

Entendez ce que disait mon serviteur St-Bernard,

au pied de son crucifix, après l'échec de la deuxième croisade : « Oh! mon Dieu, j'ai oublié de sanctifier mes soldats: le démon a conservé des droits sur eux ; voilà pourquoi ces beaux débuts nous donnent une si triste fin ».

Oui, soyez des saints, tâchez que tous vos collaborateurs soient en état de grâce, et vous ferez bien mon œuvre. Et, quand la France aura ainsi achevé sa seconde conversion, elle ira à Montmartre renouveler son alliance avec mon Fils, selon le programme qu'il lui a lui-même tracé !...

Messieurs et bien chers confrères, voilà ce que Notre-Dame de Lourdes vous demande.

Soyez ses apôtres, propagez ses desseins, formez des groupes dans toutes vos paroisses et faites des réunions locales, régionales ou générales.

Commencez par convertir une âme, puis demandez-lui d'en convertir une troisième pendant que vous en prendrez une autre. Surtout soyez des Saints.

Marie résume tout en un mot : *oportet illum regnare*. Les Juifs ont dit: *Nolumus hunc regnare super vos* et ils ont péri. Les Français diront le contraire et la France sera sauvée.

La foule répète trois fois **Vive Notre-Seigneur Jésus-Christ.!** puis elle ajoute: **Nous voulons que Jésus-Christ règne sur la France, notre patrie!**

On applaudit. En entendant ces applaudissements, un Père de la Grotte s'écrie: on n'applaudit pas, on n'applaudit pas.

L'abbé Garnier ajoute : On ne doit pas applaudir la parole de Dieu. Le seul applaudissement qui lui convienne, c'est de la mettre en pratique.

XXVII

Dernier mot du P. Lemius

Le pèlerinage est fini, dit *l'Univers ;* mais je n'ai point tout dit encore. Un miracle est venu clôturer la grandiose manifestation des hommes de France ! Entre le discours de M. l'abbé Garnier et le *Te Deum*, le P. Lemius est monté en chaire. Après avoir rappelé qu'on n'avait point porté de malades à la Grotte et qu'on n'avait imploré de Marie qu'une guérison, celle de la France, il ajouta que la Vierge avait daigné guérir un des quelques infirmes, très rares, accompagnant les pèlerins valides. Un procès-verbal du docteur Cox atteste en effet que Joseph Garrie, de Gransac, âgé de vingt-neuf ans, était arrivé à Lourdes, le 18 avril, sortant de l'hôpital de Gransac et ne marchant qu'avec peine, appuyé sur deux béquilles. Son infirmité, qui remontait à 1891, avait été causée par la fracture des deux os de la jambe droite, au-dessus de la cheville. Or, le 21 avril, à neuf heures et demie du matin, Joseph Garrie, après avoir éprouvé dans la piscine, un réel soulagement, a soudain rejeté ses béquilles et s'est mis à marcher droit, sans douleur et sans difficulté.

Et, le R. P. Lemius ayant terminé cet émouvant récit, l'on aperçut l'heureux privilégié de la Vierge Marie dressant ses béquilles au-dessus de la foule et s'avançant, d'un pas sûr et vigoureux vers la Grotte. Alors, l'émotion envahit toutes les âmes et le *Magnificat* jaillit de tous les cœurs.

La Très Sainte Vierge, comme le dit si bien M. Veuillot, venait d'apposer sa signature à notre pèlerinage. Elle nous disait : **Je suis là, je vous ai écoutés, confiance !**

Le P. Lemius montrant alors la statue vénérée, s'écrie :

« Messieurs, regardez-la bien !... Tous ensemble ! au revoir ! », et une clameur immense répondit : Au revoir !

Oui, ô Mère incomparable, au revoir sur la terre et surtout au ciel !

XXVIII

Appréciations de la "Croix"

Tous les journaux catholiques, nous l'avons déjà dit, ont été unanimes pour louer et célébrer le pèlerinage.

M. Hervagault, rédacteur de *la Croix*, que nous avons vu à Lourdes, a envoyé, jour par jour, par lettres et par dépêches, le récit des grandioses cérémonies du pèlerinage.

Il disait, dans l'un des numéros de *la Croix* :

« Les chiffres officiels constatent l'arrivée à Lourdes, depuis lundi, de 66,000 hommes.

« Pas l'ombre de désordre ni de cohue, malgré l'enthousiasme sans cesse grandissant.

« Les pompiers de la ville, chargés du service d'ordre, s'acquittent de cette tâche avec un tact et une courtoisie que tous se plaisent à reconnaître.

« Le drapeau national a flotté sur le château de Lourdes pendant toute la durée de la manifestation.

« Pendant la procession aux flambeaux, le château de Lourdes était illuminé de feux de Bengale.

« Toutes les églises et confessionnaux étaient tellement assiégés qu'on abordait les prêtres sur l'Esplanade et aux alentours de la Grotte et on se confessait en plein air, au bord du Gave.

« Plus de 3,000 hommes, pendant les trois jours, sont entrés aux piscines.

« Vendredi matin encore, il y a eu plus de 15,000 communions.

« Malgré le départ de plusieurs trains, cérémonies spéciales aux groupes se font à la Grotte et dans les églises,

« On prie avec plus de ferveur que jamais.

« A 10 heures, dernière réunion générale. M. l'abbé Garnier prononce les « Adieux à Notre-Dame de Lourdes ».

« Après le discours de M. l'abbé Garnier, Mgr Billère a donné la bénédiction pontificale qui fut suivie du chant du *Te Deum*.

« Tous partent heureux d'avoir manifesté que l'âme de la France survit à toutes les persécutions et réveille, par un exemple qui sera suivi, les courages endormis. »

Dans un autre numéro, en tête de ses colonnes, *la Croix* publiait les lignes suivantes :

« Nos dépêches du jour annoncent le retour du pèlerinage de Lourdes et le départ de Marseille du pèlerinage de Terre Sainte.

« A Lourdes, ce fut grandiose, on attendait

30,000 hommes, ils furent 50,000, 60,000 peut-être.

« Un de nos rédacteurs en revient profondément ému.

« Ce n'est pas seulement de la magnificence du spectacle, dans un cadre si beau de montagnes ; ce qui l'a frappé, c'est plutôt la foi ardente, la piété simple de ces hommes de toutes les conditions, de toutes les régions de la France, leur esprit de charité.

« L'ordre et l'union n'ont cessé de régner dans cette multitude humaine ; cela fait honneur aux mesures prises par les organisateurs du pèlerinage, et par la municipalité de Lourdes, qui s'est montrée parfaite de prévenances et de soins pour les pèlerins ; cela montre aussi que là où règne la religion, règnent aussi l'ordre et la paix.

« Ah ! s'il n'y avait que des pèlerins de Lourdes à gouverner ! »

XXIX

Autres journaux

Dans la presse, les autres journaux ont aussi constaté, à leur façon, le grand succès du pèlerinage.

Le *Figaro* lui a consacré plusieurs articles.

Le *Journal* a publié les lignes suivantes :

« Quarante mille pèlerins sont arrivés hier à

Lourdes. Quarante mille hommes qui vont prier et s'agenouiller, et offrir à Dieu le témoignage de leur foi profonde.

« Dans l'après-midi, ils ont suivi la procession du Saint Sacrement pour la première fois dans toute la ville, sur l'autorisation du maire.

« Les pompiers formaient la garde d'honneur; le nom de chaque ville était peint sur des drapeaux tricolores. Le général de Charette et les zouaves de Patay ouvraient la marche.

« C'est la première fois que Lourdes voit un pèlerinage pareil. Pour un seul jour, un hôtel s'est approvisionné de 9 bœufs, de 20 veaux et de 57 moutons. Cinquante trains ont transporté à la basilique l'armée des fidèles. »

Le *Gaulois* dit de son côté :

« Le grand pèlerinage est terminé. Le chiffre officiel des personnes arrivées à la gare de Lourdes vient d'être publié et *atteint le nombre de soixante-dix mille.* »

XXX

RETOUR DE LOURDES

Et maintenant, pour clore cette modeste description, au jour le jour, du grandiose pèlerinage auquel nous venons d'assister, voici les lignes que nous écrivions dans le *Peuple Français* du 25 avril :

Les heures s'envolent vite. Lundi 17, il y a juste huit jours, j'arrivais à Lourdes, en bon fourrier chargé de préparer les logements d'un certain nombre d'amis ; et aujourd'hui, après les cérémonies inoubliables et l'enthousiasme sans pareil du pèlerinage, me voilà de nouveau sur l'asphalte parisien, au milieu du tourbillon des occupations journalières.

Sans désordre, sans accrocs, en trois jours, 63,000 hommes ont débarqué à la petite gare de Lourdes et en sont repartis ; 7,000 au moins, arrivés à pied ou en voiture, les ont rejoints ; c'est donc 70,000 hommes, — presque l'armée de Napoléon à Austerlitz, — qui viennent de plier le genou à Lourdes, d'y demander à Dieu et à sa sainte mère, la vierge Marie, leur salut et celui de la France.

Qui ne l'a pas vu ne peut avoir idée de ce spectacle.

Nous souhaitons qu'il soit compris des puissants et des gouvernants du jour ; qu'ils se rendent compte de ce mouvement, de ces forces catholiques, depuis trop longtemps méconnues, pour ne pas dire persécutées ; et, qu'au lieu d'y voir des foules hostiles, ils cherchent à y trouver des forces amies et alliées.

La municipalité de Lourdes a fait son devoir, tout son devoir. Avec intelligence, elle a su approvisionner la ville, assurer les logements, et, mettant ses pompiers, sa fanfare, sa police, à la disposition des directeurs du pèlerinage, prévenir tout désordre, toute agglomération dangereuse. Elle a trouvé sa récompense dans la satisfaction des habitants, les félicitations et l'affluence même des pèlerins, qui — à 30 francs, dépense minimum par tête — ont laissé en trois jours plus de 2,000,000 dans la cité bénie des Pyrénées.

Un instant le pain a failli manquer, bien que la Ville se fût prémunie de quinze ouvriers boulangers supplémentaires. Pendant une heure ou deux, quelques abus ont eu lieu, et le pain s'est vendu jusqu'à quatorze sous la livre; mais vite des convois, mandés par dépêche, ont apporté de Tarbes et de Pau les approvisionnements nécessaires.

Aucune exagération trop forte dans les prix des hôtels: douze francs par jour en moyenne, chambre et pension, dans les meilleurs, huit à neuf francs dans les autres. Chez l'habitant, trois francs la chambre, et, un peu partout, à volonté, restaurants populaires à un franc cinquante et deux francs le repas.

Certains — et ce n'était pas le moins curieux — se chargeaient eux-mêmes de leur nourriture et de leur cuisine; les Basques, les Béarnais et les Bretons notamment.

On se groupait, on s'entendait; comme dans les excursions de la montagne, on achetait une brebis, et vite, dans une arrière cour, la bête était sacrifiée, découpée et distribuée, sans grosse dépense pour chacun des acquéreurs-consommateurs.

Le coucher pour tous a été facile: d'ailleurs les églises, les chapelles, les abris divers restaient ouverts toute la nuit et offraient à tous une hospitalité gratuite.

Pèlerins de l'année prochaine, n'ayez donc pas d'inquiétudes; préparez-vous, et, la Vierge aidant, allez à Lourdes en toute confiance. On y prie de tout cœur, on y est reçu à bras ouverts, et les porte-monnaies, même les plus modestes, n'y ont pas trop à débourser.

G. Goupil.

XXXI

Et maintenant Catholiques

A l'An Prochain

C'est le titre d'un article que, le lendemain même de son retour de Lourdes, l'abbé Garnier publiait dans son journal, *Le Peuple Français*.

Nous ne pouvons mieux terminer cet opuscule que par cette citation :

La clôture du pèlerinage national s'est faite hier à Montmartre ; nous y avons vu plus de deux mille hommes. Après le discours de M. l'abbé Peuportier, secrétaire de l'archevêché de Paris et la communion générale, les pèlerins ont pu renouveler les quatre grandes cérémonies qu'ils avaient accomplies à Lourdes, et leurs amis, accourus pour partager au moins avec eux les joies de la clôture solennelle, ont eu celle de s'y associer.

Ce fut un grand spectacle à coup sûr que celui de cette foule, professant sa foi chrétienne avec tant de vigueur, et jurant d'observer la loi de Dieu avec une fidélité parfaite.

J'ai pu donner à ceux qui n'avaient pas fait le voyage un aperçu de ses principaux détails. Les regrets ont été bien vifs, chez ceux qui seraient venus, s'ils en avaient eu la possibilité ; ils l'ont été davantage pour ceux qui pouvaient venir, mais qui n'ont pas cru au succès de l'entreprise.

Les uns et les autres demandent si le pèlerinage ne doit avoir lieu qu'une seule fois, ou plutôt ils s'unissent aux soixante mille pèlerins, pour demander qu'il se renouvelle chaque année et ils annoncent, dès maintenant, leur intention de trouver un bas de laine quelconque, pour entasser les petites économies dont ils auront besoin pour être les pèlerins de l'année prochaine.

Eh bien ! nous sommes heureux de leur dire : oui, le pèlerinage se renouvellera. Mgr l'évêque de Tarbes exprima, dès le premier jour, le désir de voir ce grand mouvement devenir une institution permanente, et les termes dans lesquels il manifestait ce désir en faisaient un ordre pour tous ceux qui avaient la première fois répondu à son appel.

Quelques-uns pensent qu'en raison de l'Exposition universelle de 1900, le concours des pèlerins sera moins grand l'année prochaine. D'autres estiment qu'il n'en sera rien et que tout au contraire le nombre des pèlerins augmentera certainement.

Plusieurs auraient voulu qu'une manifestation de la même importance eût lieu, l'année prochaine, à Montmartre, à l'occasion de la consécration de l'église du Sacré-Cœur.

Le réveil de la foi, les saintes ardeurs du patriotisme chrétien viennent de se révéler avec une telle intensité, qu'il sera certainement possible de faire grandement les choses à Lourdes, sans les amoindrir à Montmartre. On commence même à croire que le mieux serait, à Montmartre, d'avoir une grande cérémonie chaque semaine pendant les trois ou quatre mois où l'Exposition battra son plein, et, sans y appeler les populations directement, saisir celles qui se trouveront à Paris et sanctifier ainsi leur séjour dans la capitale.

Quoiqu'il en soit, le pèlerinage national d'hommes seuls à Lourdes reste fixé, pour 1900, comme cette année, et tous nos amis peuvent prendre leurs mesures pour y participer.

Serai-je bien loin de la vérité en disant que l'année 1899 aura vu l'un des actes les plus importants et la fondation d'une des institutions les plus sérieuses, pour la résurrection chrétienne de notre pays ?

Lorsque, mercredi dernier, on vit se dérouler, à travers les rues de Lourdes, le cortège immense de tous nos pèlerins, marchant six par six, et se développant sur un parcours de plus de quatre kilomètres, faisant dans l'attitude la plus respectueuse l'escorte la plus vivante au Saint-Sacrement, il était impossible de ne pas éprouver une émotion saisissante.

Les voilà donc ces hommes que l'on croyait morts à jamais pour l'Eglise ! Ils sont soixante mille, mais chacun d'eux est un délégué et ils en représentent au moins deux millions.

Voilà le fruit de dix années de travaux, l'épanouissement d'une multitude d'œuvres et d'associations, disséminées sur tous les points du territoire.

Continuons le travail que nous avons commencé ; il est visible que nous étions dans la bonne voie. Gardons-nous bien d'en sortir, suivons toujours la même méthode, employons toujours les mêmes moyens ; dans quelques années d'ici, tous les chemins de France seront comme les rues de Lourdes, remplis d'hommes aussi ardents dans la sincérité de leur foi que courageux dans ses manifestations.

Me sera-t-il permis d'ajouter que nous trouvons, dans tous ces résultats, la réponse topique aux journaux catholiques grincheux et de mauvaise foi, qui veulent toujours nous démontrer l'inanité de nos efforts et de nos œuvres.

Ils disent que nous nous contentons d'une simple tolérance, sans jamais aspirer au respect de nos droits. Nous n'avons demandé de tolérance à personne pour faire cette manifestation de soixante-dix mille hommes, où nous avons dit et fait tout ce que nous avons voulu.

Ces grincheux ne feraient-ils pas mieux de nous aider au lieu de nous combattre?

Abbé GARNIER.

Imp. L. POCHY, 117, rue Vieille-du-Temple.

LE "PEUPLE FRANÇAIS"

L'Union Nationale

J'ai cru devoir dire que j'étais à Lourdes le représentant du *Peuple Français*.

Je crois devoir ajouter que le *Peuple Français* est le journal de M. l'abbé Garnier, de ce prêtre zélé dont le nom revient souvent dans mon récit.

On me pardonnera de recommander cet excellent journal à tous ceux qui auront lu ma brochure. En le faisant, je ne fais que payer une dette de reconnaissance, puisque je dois au *Peuple Français* le bonheur d'avoir goûté les indicibles joies du pèlerinage.

Qu'est-ce que le Peuple Français?

C'est un grand journal quotidien de Paris, à un sou.

Il est le seul journal catholique de Paris qui paraisse le matin.

Tous les autres sont du soir. Or, à Paris, c'est surtout le journal du matin qu'on lit. C'était donc une lacune pour les catholiques de France, M. l'abbé Garnier a réussi à la combler.

Ce journal est l'organe de l'Union nationale.

Qu'est-ce que l'Union nationale?

C'est une des plus grandes œuvres de France.

M. l'abbé Garnier l'a fondée pour seconder les vues de Jésus et de Marie sur la France.

Il y a 210 ans que Jésus a tracé le programme du salut de la France par son Sacré-Cœur.

Il y a 69 ans que Marie s'occupe de nous le faire exécuter, comme une mère guide les pas de son enfant.

Mais on ne savait pas assez ces grandes choses.

M. l'abbé Garnier a fondé l'Union nationale pour les faire connaître, pour seconder les efforts du Sacré-Cœur et de N.-D. de Lourdes, en faveur de la France.

L'Union nationale rend la vie à notre pays en le ramenant à la connaissance et à la pratique de l'Évangile.

G. GOUPIL.

www.ingramcontent.com/pod-product-compliance
Lightning Source LLC
LaVergne TN
LVHW050609090426
835512LV00008B/1412